JN445490

Q&A로 공부하는

재무와 회계

Q&A로 공부하는

재무와 회계

Finance and Accounting

장동한 지음

율곡출판사

들어가는 글

Why?

Why Not?

On what basis?

…

장군의 중간고사 답안지 위엔 빨간색 물음이 도배되어 있었다.

1982년 6월 Univ of Michigan 경제학과에 학사 편입한 장군은 Ann Putallaz 교수의 Macroeconomics 여름계절 수업을 들었는데 세 번 놀랐다. 우선, 강의 첫 시간에 들어가 보니 여초女超였다. 당시만 해도 한국 대학의 사회과학 강의엔 여학생이 거의 없었다. 그런데 미국 대학의 경제학 강의실은 딴 판이었다. 둘째, 물론 완전 긴장해서 열심히 한 것도 있긴 했지만 유학 생활 시작 후 처음 치르는 중간고사 시험이 그렇게 어렵지 않아 전날 달달 외웠던 답을 멋지게 썼다고 그것도 영어로 자신했는데 … 정작 평가 결과를 보니 위와 같이 답안지엔 교수님의 Why? Why Not? 멘트들이 난무했다. 당연한 거 아냐? 책에 있는 것을 그대로 썼는데 왜 의문을 제기하는 걸까? 마지막으로 놀라웠던 것은 바로 수업 교재로 사용했던 Dornbusch and Fischer의 *Macro Economics* 책이다. 전체 19장 740쪽 분량의 책의 내용이 마치 소설과 같이 물 흐르는 듯한 얘기들로 이어져 있었다. 당시 장군이 경험했던 한국의 경제학 교재들은 수식과 도표, 그림들로 범벅이고 내용들이 서로 잘 이어지지 않고 제각각인 수험용 책들이 대부분이었던 것으로 기억된다. 해서 장군은 나중에 기회가 되면 꼭 그런 멋진 책을 쓰겠다고 나름 결심했다.

짧지 않은 미국에서의 유학 생활과 교수 생활을 하면서 필자가 느낀 바는 "그래 당연한 게 당연한 게 아니군", "아는 만큼 보이고, 모르면 안 보인다. 아니 못 본다" 이다. 공부를 하면서 품게 되는 많은 의문들에 대해 제대로 답을 찾는 것만큼 훌륭한 공부는 없다. 수업을 통해서, 토론을 통해서, 자문자답을 통해서.

1995년 7월 장교수가 건국대학교 상경대학 무역학과에 부임하여 학부 커리큘럼을 보니 '재무' 과목이 없었다. 전공을 불문하고, 졸업 후 진로 분야를 불문하고 재무의 중요성은 매우 크다. 사실 많은 사람들이, 또 많은 기업들이 그때그때 그럭저럭 돈은 벌 수 있겠지만 제대로 돈을 관리하는 것은 쉽지 않다.

그래서 '국제재무' 란 타이틀의 학부 과목을 신설하고 장교수가 강의를 시작했다. 그런데 재무 기초가 없는 상태에서 국제재무란 높은 수준의 공부를 하다 보니 많은 학생들이 어려워했다. 게다가 졸업 후 장교수를 찾아오는 졸업생들이 한결같이 하는 말이 후배들에게 재무와 회계 기초 교육을 시켜달라는 말이었다. 본인들이 직접 회사 근무를 하다 보니 회계 지식의 기초가 가장 절실하더란다.

장교수는 2005년에 '재무와 회계' 란 희한한 타이틀아마도 국내 유일이지 싶다의 학부 과목을 또 신설했다. 저학년 때 기초 재무와 기초 회계를 학습하고 고학년에 국제재무를 공부하면 좋겠다는 생각이었다. '재무와 회계' 강의와 과제엔 EXCEL 사용을 원칙으로 했다. 대학생들에겐 EXCEL 활용에 대한 익숙함이 중요한 경쟁력이라고 믿는다.

2015년 학부제 폐지, 학과제 환원의 대학 구조조정 속에서 국제무역학과 커리큘럼도 손을 보게 되었는데 대다수 교수님들의 권고로 '재무와 회계' 과목이 1학년 2학기 지정교양 과목으로 승격(?)되었다. 해당 강의 담당 교수의 입장으로선 더할 나위 없이 감사할 일이지만 문제는 대학 신입생 눈높이에 맞는 적절한 수준의 교재 준비와 흥미를 잃지 않게 하는 강의 준비다. 결코 쉬운 과업이 아니다.

이런저런 고민으로 시간만 보내다 뒤늦게 교재 집필에 착수하게 되었다. 본 교재 집필을 결심하면서 처음부터 작정한 3대 철학(?)이 있다.

쉽게. 재미있게. 핵심만.

학생들이 가질 만한 많은 의문들을 대상으로 그에 대해 답변을 하는 식으로 책을 쓰면 어떨까?

젊은 학생들이 좋아할 만한 이야기로 풀어나가면서 재무와 회계를 공부하면 어떨까?

지저분한 내용을 많이 늘어놓지 않고 그야말로 핵심만 전달하는 게 좋지 않을까?

25년의 강의 경험을 통해서, 또 학생들과의 대담을 통해서, 깊은 밤, 이른 아침, 출퇴근길에 생각났던 바를 모아서 60여 가지의 질문들을 정리했다. 일단 질문들이 준비되니 답변은 금방 정리할 수 있었다. 중요하지만 조금 심도 있는 이슈들은 Tips 박스에 별도로 정리해 보았다. 마지막으로 '재무와 회계'는 어차피 국제재무 강의의 선수과목인지라 부록에 외환 파생상품 등의 국제재무 기초 내용을 정리했다.

본 교재는 장교수 수업을 듣는 건국대학교 상경대 국제무역학과 학생들을 대상으로 쓴 책이긴 하나 이 분야에 관심 있는 일반인들도 흥미롭게 사용할 수 있을 것으로 기대한다.

이 책은 특별히 Neil Doherty 박사에게 바치고자 한다. 필자가 U Penn 대학원 경제학 박사과정에서 같은 대학교 경영대학인 Wharton School의 Risk Management and Insurance 박사과정으로 적을 옮겨 리스크 관리와 보험을 공부하면서부터 가장 큰 학문적 영향을 준 책 *Corporate Risk Management* McGraw-Hill, 1985의 저자이자, 은사님이자, 내 박사 논문 심사위원회의 일원이셨던 분이다. 본 교재의 많은 내용은 Doherty 교수님의 책과 강의를 통해 학습한 것들이다. '경제-재무-리스크 관리-보험'이 어떻게 유기적으로 연계가 되는지를 잘 정리해 주셨는데 평생 깊이 감사할 일이다. 일생에 훌륭한 선생님을 만날 수 있는 것은 학생 최대의 복이 아닐 수 없다.

2016년 6월

장동한

차 례

2부 회계

Ch. 4 회계 기초와 부기

Ch. 5 재무제표

Ch. 6 재무분석

부록 국제재무 기초

Finance and Accounting
part one

재무

Q1. 공共분산 값의 의미는?

Q2. 상관계수 값의 의미는?

Q3. '주식 투자는 위험하다' 고들 하는데 과연 주식 투자를 통해 돈을 벌 수 있나요?

Q4. 주식과 채권의 차이?

Q5. 투자 수익률은 어떻게 계산하나요?

Q6. 주식 투자 할 때 수익률만 높으면 좋은 건가요?

Q7. 주식 투자 리스크란?

Q8. 투자 수익률과 투자 리스크의 관계는?

Q9. 자본시장이란?

Q10. 포트폴리오 투자란?

Q11. KRX Korea Exchange(한국거래소)란?

Q12. KRX 정보를 활용하여 주식 투자 수익률을 어떻게 계산하나요?

Q13. 포트폴리오 투자는 항상 좋은가요?

Q14. 포트폴리오 투자의 투자 리스크 감소 효과는 무엇이 좌우할까요?

Q15. 효율적 투자선 Efficient Frontier 이란?

Q16. 세상에 투자 리스크가 없는 투자대상이 있을까요?

Q17. 자본시장선은 어떻게 도출하나요?

Q18. 시장포트폴리오 M Market Portfolio 의 정의는?

Q19. 체계적 리스크 vs. 비체계적 리스크?

Q20. 특정 주식 i의 체계적 리스크 β_i값을 계산할 수 있나요?

Q21. 증권시장선과 CAPM 이론의 의의는?

Q22. CAPM 이론에 따라 투자하면 백전백승일까요?

수익률과 리스크

Finance and Accounting
ch. one

1

택이는 K대학교 상경대학 신입생이다. 대학에 입학한 지 벌써 반년이 지나고 신나는 여름방학을 보내고 나니 이제 가을학기다.

가을학기엔 상경대 지정교양 과목으로 '재무와 회계' 란 과목을 듣게 되었는데 강의 타이틀만 봐도 벌써 질린다. 게다가 어찌어찌 하다 보니 수강신청에 실패하여 고리타분하기로 유명한 장교수 수업을 그것도 영어강의로 듣게 되었다. 진짜 으악이다.

재무와 회계 첫 수업, 그런대로 들을 만한 강의 오리엔테이션을 마치고 첫날부터 강의를 한다. 우리에게 가장 익숙한 주식 투자 얘기를 하면서 투자 수익률과 투자 리스크 얘기를 하겠단다. 엥~ 주식? 나 주식 투자 하려고 했는데. 귀가 쫑긋. 택이는 대학 입학 축하금으로 부모님과 할아버지에게서 200만원을 받았는데 아버지 말씀이 그 돈으로 주식 투자를 해보라고 하셨다. 주식 투자? 내가 뭘 알아야 주식에 투자를 하지. 어떤 주식을 사서 어떻게 관리를 하지? 시장이자율이 너무 낮아 은행 예금 해봐야 세금 떼고 나면 물가상승률만도 못한 수익률을 올린다면서 좋은 종목을 골라 잘 관리해 보라는 아버지 말씀이 기억났다. OK 어차피 내 문제에 대해서 공부하게 되었으니 강의가 흥미롭겠는데.

장교수 왈 주식 투자 공부를 하려면 우선 기초통계를 알아야 한다면서 평균값, 분산, 표준편차, 공분산, 상관계수 등 얘기를 하는데 벌써 질린다. 내 이럴 줄 알았어. 잘못된 만남! 공분산이라 … 공共분산은 두 변수 간의 관계라는데 그렇다면 나와 (내가 좋아하는) 동기 여학생 덕선이와의 관계도 공분산으로 분석 가능한가? 우리의 관계는 + 일까? -일까? 강한 관계? 약한 관계? ㅎㅎ 재밌겠는데. 무릇 모든 공부는 흥미롭고 관심이 생겨야 탄력을 받는 법!

기초 통계

- *a random variable X*
- $E(X) = \mu$
- $Var(X) = E[X - E(X)]^2 = \sigma^2$
- $S.D.(X) = \sqrt{Var(X)} = \sigma$
- $Cov(X_1, X_2) = \sigma_{12}$
- *correlation coefficient* $\rho_{12} = \dfrac{\sigma_{12}}{\sigma_1 \sigma_2}$
- $E(X_1 \pm X_2) = E(X_1) \pm E(X_2)$
- $Var(X_1 \pm X_2)$

  $= Var(X_1) + Var(X_2) \pm 2Cov(X_1, X_2)$

if X_1 and X_2 are **"independent** 독립적**"**,

$$Var(X_1 \pm X_2) = Var(X_1) + Var(X_2)$$

Q1. 공共분산 값의 의미는?

공분산Covariance이란 두 변수 간의 관계를 말한다. 예를 들어 H자동차 주가와 K자동차 주가 간의 관계는 어떨까? 두 회사가 계열사 관계이고 동종 업종에 속해 있음을 감안해 볼 때 아마도 두 회사의 주가는 정正의 관계에 있을 것이다. 이때 두 주가의 공분산은 + 값을 갖는다.

특정 두 회사의 주가는 부負의 관계에 있을 수도 있으며, 이때 두 주가의 공분산은 -값을 갖게 된다. 한편, 특정 두 회사의 주가 간에 이렇다 하게 특별한 관계가 없다면 두 주가의 공분산은 0에 가까운 값을 갖게 될 것이다.

공분산의 의미

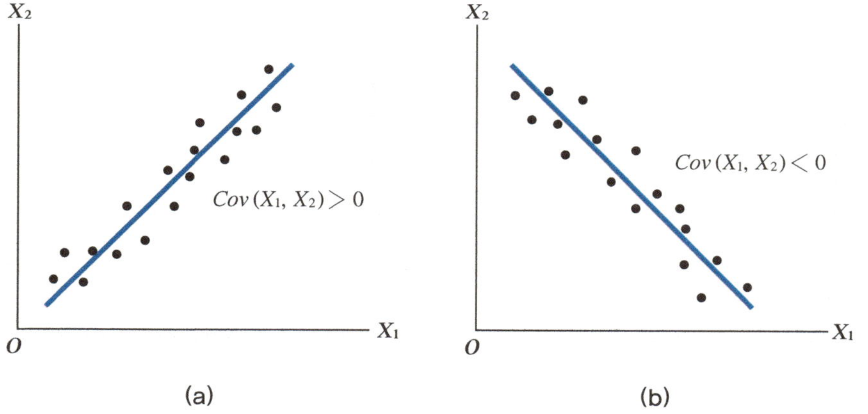

Q2. 상관계수 값의 의미는?

상관계수correlation coefficient 값은 최저 −1.0과 최고 +1.0 사이에 있는데 상관계수 값이 −1.0임은 두 변수 간의 관계가 완벽한 부負의 관계임을 의미하며, 상관계수 값이 +1.0임은 두 변수 간의 관계가 완벽한 정正의 관계임을 의미한다.

$$-1.0 \leq \rho_{12} \leq +1.0$$

앞서 얘기했던 공분산과 마찬가지로 상관계수 또한 두 변수 간의 관계를 나타내는데, 공분산과의 차이는 관계의 +/−뿐만 아니라 관계의 **정도**까지도 알 수 있다는 것이다.

$\rho = +1.0$ 완벽한 정의 관계
$\rho = +0.7$ 강한 정의 관계
$\rho = +0.2$ 약한 정의 관계
$\rho = 0$ 관계 없음
$\rho = -0.3$ 약한 부의 관계
$\rho = -0.8$ 아주 강한 부의 관계
$\rho = -1.0$ 완벽한 부의 관계

두 변수 간의 관계성뿐만 아니라 관계의 정도까지를 알려주는 상관계수는 매우 유용한 지표로서 널리 쓰이고 있다.

Q3. '주식 투자는 위험하다' 고들 하는데 과연 주식 투자를 통해 돈을 벌 수 있나요?

모든 종류의 투자는 돈을 벌기 위한 행위이고 모든 투자에는 위험이 따른다.

주식 투자의 경우 많은 돈을 벌수도 있지만 크게 잃기도 하는바 '고위험-고수익' 투자의 대표적인 예이다.

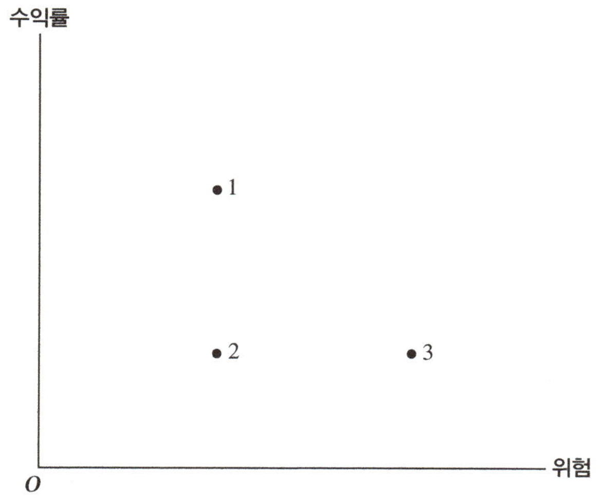

세 개의 주식 1, 2, 3 중 여러분이 선호하는 주식은 어느 것인가요?

주식 1 > 주식 2 왜?

주식 2 > 주식 3 왜?

주식 1 > 주식 3 왜?

Q4. 주식과 채권의 차이?

주식이나 채권, 둘 다 사업을 위해 자금이 필요한 기업들이 발행하는 유가증권有價證券(Securities)임은 공통점이다.

주식Stock은 소유권Equity 증서인 반면 채권Bond은 소유권과는 아무 상관이 없고 발행 기업의 입장에서 채무Debt 증서이다.

이들은 여유 자금이 있는 투자자의 입장에서 볼 때 대표적인 투자대상 증권들인데 주식은 상대적으로 '고위험-고수익' 투자대상이고 채권은 '저위험-저수익' 투자이다.

Tips 채권 vs 주식

채권은 일종의 차용증서라고 볼 수 있는데 채권을 구입한 사람들로부터 돈을 빌린 후 나중에 이자와 함께 회사를 믿고 채권을 산 사람들에게 돈을 돌려주는 제도를 말해요. 투자가 잘못되어 기업이 손해를 보더라도 기업은 반드시 만기일까지 채권자들에게 돈을 지불해야 해요. 다 갚지 못한 돈은 기업의 부채로 남게 되기 때문에 회사 입장에서는 신중해야 해요.

기업은 회사를 믿고 돈을 투자할 투자자들을 모집한 후 주식의 가격을 정하고 '주식'이라는 증서를 투자자들에게 나눠줘요. 주식을 갖고 있는 사람들은 나중에 회사가 돈을 벌게 되면 투자한 비율만큼 수익을 배당받게 돼요. 쉽게 말해 주식을 많이 가진 사람은 회사가 번 돈에서 많은 부분을 받으니 돈을 많이 벌고, 주식이 별로 없는 사람들은 조금 번다는 의미이지요. 하지만 회사가 수익을 내지 못하면 오히려 손해를 볼 수도 있어요. 주식을 가진 사람들은 주주가 되어 경우에 따라서 기업 경영에도 참여할 수 있는 자격을 가져요. 회사 입장에서는 투자한 사람들의 원금을 보장해 주지 않아도 되기 때문에 큰 부담을 덜 수 있고 필요한 자금을 확보할 수 있어 좋아요.

자료 : http://terms.naver.com/entry.nhn?docId=960419&cid=47311&categoryId=47311

Q5. 투자 수익률은 어떻게 계산하나요?

투자 수익률은 특정 기간 동안의 투자 수익을 초기 투자액으로 나누어 구할 수 있는데, 주식 투자의 경우 투자 수익률Rate of Return은 다음과 같이 계산한다.

$$R_t = \frac{(P_{t+1} - P_t) + d_{t+1}}{P_t}$$

여기서 $R_t = t \sim (t+1)$ 간의 투자 수익률

$P_t = t$시점의 주가

$P_{t+1} = t+1$시점의 주가

$d_{t+1} = t+1$시점의 배당

만약 $P_{t+1} > P_t \quad \rightarrow \quad R_t > 0$

만약 $P_{t+1} < P_t \quad \rightarrow \quad R_t < 0$

$d_{t+1} \geq 0$

위의 투자 수익률 식에서 알 수 있듯이 주식 투자 수익의 원천은 다음과 같다.

- 주가 상승
- 배당 수입

과거예) 10年간의 수익률 통계를 통해 특정 주식 투자의 수익률 평균값과 표준편차 값을 구할 수 있다.

평균수익률 $E(R) \Rightarrow$ Return

표준편차 $S.D.(R) \Rightarrow$ Risk

$$E(R) = \sum_t p_t R_t$$

$$\sigma^2 = E[R_t - E(R)]^2$$

$$\sigma$$

오늘^{t}의 주가를 바탕으로 특정 주식에 투자하는 경우는 미래$^{t+1}$ 주가를 알 수 없으므로 예상 주가를 사용하게 되고, 배당 수입 또한 과거 실적을 바탕으로 한 예상치를 쓰게 된다.

이때 예상수익률Expected Rate of Return은 다음과 같이 정의된다.

$$E(R_t) = \frac{[E(P_{t+1}) - P_t] + E(d_{t+1})}{P_t}$$

위의 예상수익률 식을 바탕으로 미래 주가를 다음과 같이 추정할 수 있다. 즉, 특정 주식의 투자 수익률을 예상한다는 말은 해당 주식의 미래 가격도 추정할 수 있단 얘기이다.

$$E(P_{t+1}) = P_t[E(R_t) + 1] - E(d_{t+1})$$

Q6. 주식 투자 할 때 수익률만 높으면 좋은 건가요?

Nope!

물론 수익률은 높을수록 좋지만 투자에 있어 수익률만이 전부는 아니다. 소위 투자 리스크도 반드시 고려해야 한다. '고위험-고수익'이 항상 누구에게나 좋은 것은 아니라는 말이다. 반대로 '저위험-저수익' 또한 항상 누구에게나 좋은 것은 아닐 것이다.

물론 두말할 것도 없이 '저위험-고수익' 투자가 최고이다.

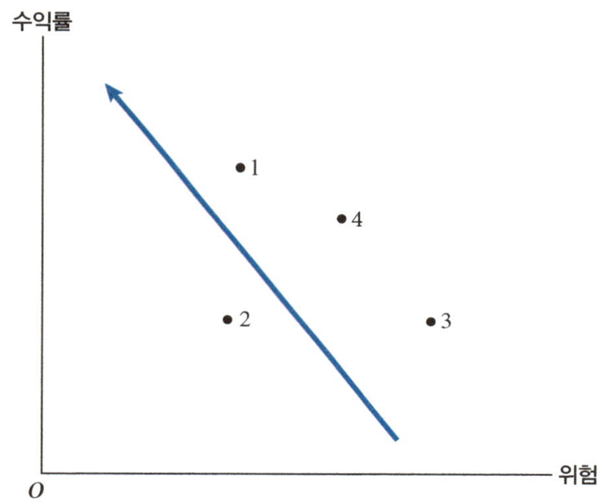

여러분은 주식 2가 좋은가요 주식 4가 좋은가요? 왜?

Q7. 주식 투자 리스크란?

투자 리스크는 투자 수익률의 변동성을 말하는 것으로 통상 수익률의 분산σ^2 값이나 표준편차σ 값으로 측정한다.

투자 리스크는 상대적인 개념으로 특정 리스크가 절대적으로 크거나 작다고 얘기하긴 어렵다.

리스크Risk는 통상 우리말로 '위험'이라고 변역되는데 엄격히 얘기해서 리스크와 위험은 다르다고 하겠다. 위험은 최종 결과가 부정적사망, 화재, 자동차 사고 등인 반면, 리스크는 최종 결과가 부정적인 결과뿐 아니라 오히려 긍정적인 결과까지를 포함한다. 예를 들어 주식 투자의 경우 많은 경우 돈을 잃지만 제대로 투자하는 경우는 큰돈을 벌기도 하는 것이다. 도박의 경우도 그렇고, 외환 리스크의 경우도 그렇다. 사실 이익을 추구하는 비즈니스의 경우 거의 대부분의 활동에 리스크가 따른다고 하겠다.

투자 리스크의 개념

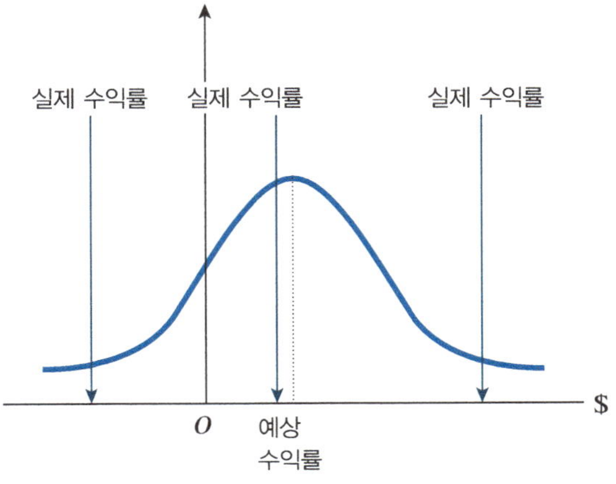

Tips 한국 증시의 변동성

임의로 20일간 투자했을 때 수익률 분포(단위 : %)

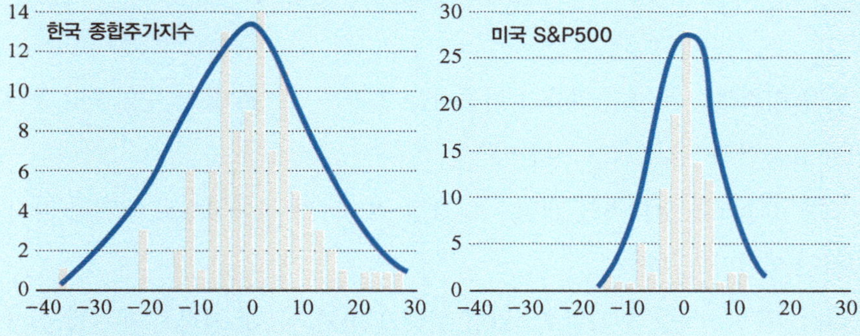

※ 분석기간은 1990년 1월 1일~2004년 7월 9일

자료 : 한국증권연구원

국가별 주가지수 변동률(단위 : %)

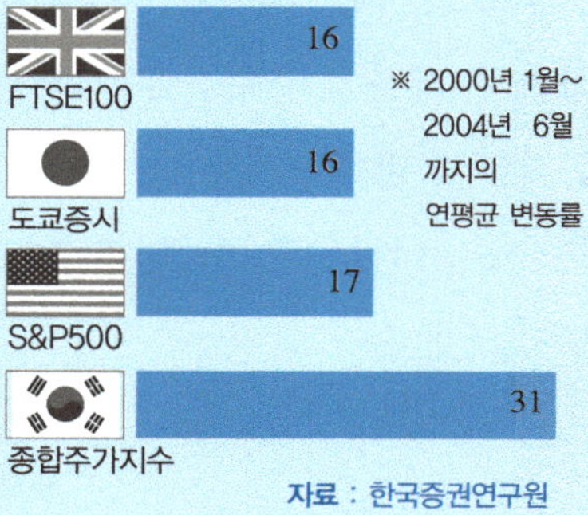

자료 : 한국증권연구원

국내 증시의 변동성이 미국 등 선진국에 비해 2배 이상 높은 것으로 나타났다. 특히 단기간 10% 이상 이익 또는 손실이 날 확률은 국내 증시가 미국의 4배에 달하는 것으로 분석됐다. "대박 아니면 쪽박"이 될 가능성이 그만큼 크다는 얘기다.

23일 한국증권연구원에 따르면 지난 2000년부터 올 6월까지 국내 증시거래소시장 기준의 연평균 변동률은 31%로 미국17%,영국16%, 일본16% 등 선진국 증시보다 1.8~1.9배 높았다.

실제 종합주가지수는 지난 2000년에는 연초 1,028포인트에서 연말 504포인트로 "반토막"이 났지만 2003년에는 627포인트에서 810포인트로 29% 급등했다. 투자기간을 짧게 가져가도 마찬가지다. 1990년부터 올 7월 9일까지의 기간 중 임의로 20일간 투자했다고 가정할 경우 10% 이상 수익을 내거나 손해를 봤을 확률은 국내 증시가 각각 12%와 13%인 반면 미국S&P500 기준은 3% 정도에 그쳤다. 20% 이상 이익 또는 손실을 낼 가능성은 국내 증시가 각각 3%인 반면 미국 증시는 "제로0"였다. 국내 증시에선 단 20일 만에 은행금리의 2~4배를 벌거나 잃을 수 있지만 미국 증시는 극단적인 이익이나 손실을 보지는 않는 셈이다.

그러나 장기투자의 경우 정반대 현상이 나타난다. 국내 증시는 단기 변동성이 큰 것과는 달리 장기적으로 500~1,000포인트의 박스권 등락을 거듭하고 있다. 종합주가지수는 1990년 초나 지금이나 830선 안팎이다. 이에 반해 미국 S&P500지수는 이 기간 200선에서 1,100선으로 5배 이상 뛰었다.

미국 투자자들이 장기투자를 선호할 수밖에 없는 것도 이 같은 이유에서다. 국내 증시가 이처럼 단기 변동성은 크면서 장기적으론 박스권에 갇혀 있는 것은 주가가 기업가치가 아닌 정치적 변수 등 "외부요인"에 따라 움직일 때가 많기 때문이라는 게 증권연구원의 분석이다. 즉, 기업가치에 따라 주가가 차별화되지 않고 오를 때 다같이 오르고 내릴 때 다같이 내리면서 주가 변동성이 커졌다는 것이다.

노무현 대통령 탄핵정국3월 12일 기준 당시 8백 37개 상장종목 중 82%인 6백 83개 종목이 무더기로 급락한 게 단적인 예다. 또 국내 대기업들이 대부분 계열사 간 출자관계 등으로 복잡하게 얽혀 있어 주가 동조화 현상을 보이는 점도 증시 변동성을 키우는 또 다른 요인으로 지적됐다.

전문가들은 국내 개인들이 주식 투자를 꺼리거나 아예 투기적 단타매매에 나서는 것도 이처럼 변덕스러운 증시 분위기와 무관치 않다고 진단했다. 빈기범 한국증권연구원 연구위원은 "국내 증시의 경우 주가가 기업 내재가치보다 시장 분위기에 휩쓸려 움직이는 경향이 미국보다 훨씬 강하다"며 "내재가치에 근거한 투자문화 확산과 함께 외부변수를 줄이기 위한 정부당국의 정책적 노력이 뒷받침돼야만 변동성을 낮출 수 있다"고 강조했다.

자료 : 주용석 기자(hohoboy@hankyung.com), 한국경제신문 2004. 9. 23
(http://news.naver.com/main/read.nhn?mode=LSD&mid=sec&sid1=101&oid=015&aid=0000744345)

주식 투자의 예

실제 수익률

Period	주식 A	주식 B	주식 C	포트폴리오 D
1	0.06	0.03	0.13	0.097
2	−0.03	0.33	−0.07	0.063
3	0.00	0.23	0.05	0. 11
4	0.06	−0.12	0.13	0.047
5	0.20	−0.22	0.18	0.047
6	0.13	−0.15	0.13	0.037
7	0.10	0.19	0.08	0.116
8	−0.06	0.24	−0.10	0.013
9	0.05	0.16	0.10	0.120
10	0.23	0.00	0.18	0.120
Expected Return	0.074	0.069	0.081	0.077
Standard Error(σ_n)	0.089	0.179	0.091	0.038
σ_{n-1}	(0.093)	(0.188)	(0.096)	(0.040)
Covariance	$\sigma_{AB} = -0.0117$	$\sigma_{AC} = 0.007$	$\sigma_{BC} = -0.0131$	
Correlation coeff.	$\rho_{AB} = -0.73$	$\rho_{AC} = 0.87$	$\rho_{BC} = -0.80$	

주 : 포트폴리오 $D = (1/3)B + (2/3)C$

자료 : *Corporate Risk Management* (Neil Doherty, McGraw-Hill, 1985)

위 표의 자료에 의거해 개별 주식 A, B, C를 포지셔닝Positioning하고 수익률과 리스크 기준에 따라 평가해 보면 다음과 같다.

$$E(R_B) < E(R_A) < E(R_C)$$

$$\sigma_A < \sigma_C < \sigma_B$$

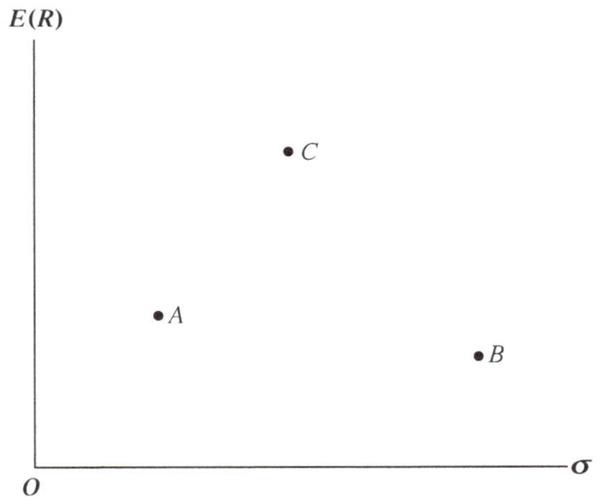

다른 조건이 동일하다면, 투자자들은 주식 B보다 (상대적으로 수익률이 높고 리스크가 작은) 주식 A나 주식 C를 선호할 것이고, 이와 같은 수요의 변화에 따라 각 주식의 주가도 변하게 될 것이다.

동적動的 균형dynamic equilibrium!

$$D_B \downarrow \;\rightarrow\; P_B \downarrow \;\rightarrow\; E(R_B) \uparrow$$

$$D_A \uparrow \;\rightarrow\; P_A \uparrow \;\rightarrow\; E(R_A) \downarrow$$

$$D_C \uparrow \;\rightarrow\; P_C \uparrow \;\rightarrow\; E(R_C) \downarrow$$

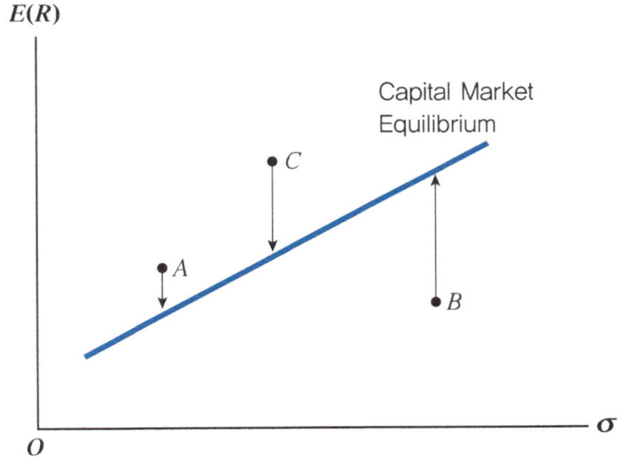

Q8. 투자 수익률과 투자 리스크의 관계는?

투자의 경우는 주식 투자 포함해서 High Risk-High Return, Low Risk-Low Return의 경우가 일반적이다. 즉, 투자 수익률과 투자 리스크는 trade off 관계즉, 정(正)의 관계에 있다.

자본시장의 균형Capital Market Equilibrium!

"세상에 공짜는 없다No Free Lunch!"

위험-수익을 고려한 금융상품

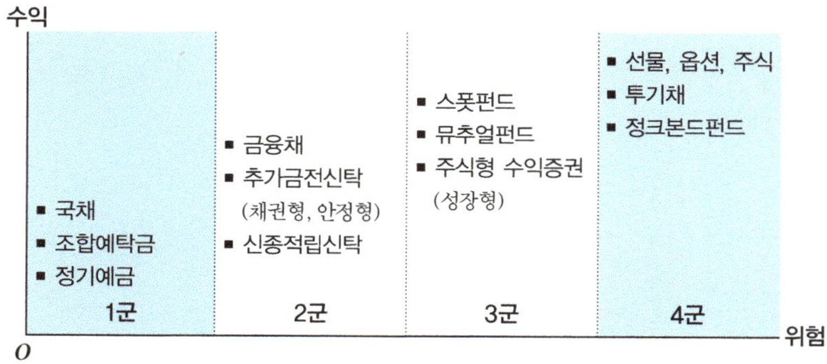

Q9. 자본시장이란?

금융金融시장Financial Market은 말 그대로 자금이 융통되는 시장이다.

간접금융시장Indirect Financial Market은 은행, 증권사, 보험사 등의 금융중개기관Financial Intermediary이 돈이 필요한 수요자와 여윳돈이 있는 공급자를 연결해 주는 서비스를 제공하는 시장인데 그 대가로 수수료를 받는다.

금융중개기관의 서비스를 받지 않고 수요자와 공급자가 직접 돈 거래를 하는 시장이 직접금융시장Direct Financial Market이다. 금융중개기관 수수료만큼 비용을 절감할 수 있으나 잘못된 거래에 따른 리스크를 부담하게 된다.

직접금융시장은 1년 미만의 거래가 이루어지는 단기금융시장Money Market과 계약 기간 1년 이상의 중장기 거래가 이루어지는 자본시장Capital Market으로 분류된다. 여기서 자본의 대표적인 예가 주식, 채권 등 유가증권有價證券이다.

유가증권이 거래되는 시장이 증권시장Securities Market인데, 증권시장은 초기에 증권이 발행되는 발행시장과 일단 발행된 증권들이 거래되는 유통시장으로 구분된다.

금융시장의 분류

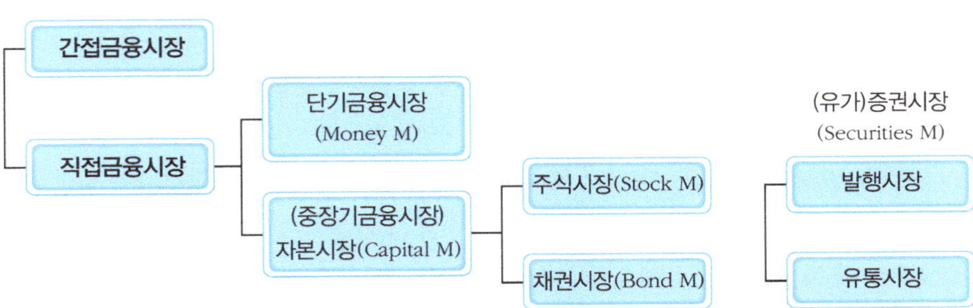

Tips Fin Tech, 인터넷 전문은행

핀테크란?

핀테크FinTech는 Finance금융와 Technology기술의 합성어로, 금융과 IT의 융합을 통한 금융서비스 및 산업의 변화를 통칭한다.

금융서비스의 변화로는 모바일, SNS, 빅데이터 등 새로운 IT기술 등을 활용하여 기존 금융기법과 차별화된 금융서비스를 제공하는 기술 기반 금융서비스 혁신이 대표적이며, 최근 사례로는 모바일뱅킹과 앱카드 등이 있다. 산업의 변화로는 혁신적 비금융기업이 보유 기술을 활용하여 지급결제와 같은 금융서비스를 이용자에게 직접 제공하는 현상이 있는데 애플페이, 알리페이 등을 예로 들 수 있다.

자료 : [네이버 지식백과] 핀테크[FinTech](금융위원회 금융용어사전, 금융위원회)

Q. 제가 쓰고 있는 스마트폰의 통신회사인 kt와 카카오톡을 만든 카카오가 각각 인터넷전문은행을 만든다는 뉴스를 보았습니다. 왜 이런 정보기술IT기업들이 은행을 만드는 건가요? 부모님은 이미 인터넷 · 모바일 뱅킹으로 금융 업무를 볼 수 있다고 하던데, 인터넷뱅킹과 인터넷전문은행은 어떻게 다른가요?

A. 틴틴 여러분은 아직 은행을 직접 방문할 일이 별로 없을 거예요. 인터넷뱅킹 역시 부모님의 동의 하에 사용할 수 있기 때문에 이용해 본 경우는 드물 겁니다. 하지만 요즘은 어른들도 은행을 방문할 일이 거의 없어요. 과거에는 금융상품을 가입 · 해지하거나 대출을 받을 때 은행을 직접 방문해야 했죠. 지금은 사정이 다릅니다. 인터넷이나 모바일을 통해 대부분의 금융 거래가 가능해요. 꼭 은행을 방문해서 처리해야 하는 경우는 주택담보대출을 받거나 환전한 돈을 찾을 때 정도랍니다. 이 때문에 소비자가 은행을 고를 때 어떤 은행이 점포 수가 많으냐 보단 어느 은행이 온라인에서 더 빠르고 편리한 서비스를 제공하느냐가 점점 더 중요한 기준이 되고 있죠.

인터넷전문은행은 이렇게 빠르게 변화하는 금융환경 속에서 새로운 먹거리를 창출하기 위해 만들어졌어요. 인터넷전문은행이란 영업점 없이 대부분의 금융 업무를 인터넷이나 모바일, 현금자동입출금기ATM 등의 전자매체를 통해 처리하는 은행을 말해요.

영업점이 아예 없거나 최소한으로만 있다 보니 건물 임대료나 인건비, 운영비 등을 아낄 수 있어요. 아낀 돈으로 돈을 저축한 사람에겐 이자를 조금 더 쳐줄 수 있고요, 돈을 빌리는 사람에겐 이자를 좀 더 깎아줄 수 있겠죠. 해외에선 일찌감치 이런 인터넷전문은행이 발달했어요. 기존 은행이 선보이지 못했던 이색 서비스로 돈을 잘 버는 은행들이 많아졌죠. 물론 그만큼 소비자의 은행 선택 폭도 넓어졌고요.

이런 상황에서 우리나라에도 인터넷전문은행을 도입하자는 목소리가 높아졌어요. 해외처럼 소비자들이 과학기술이 접목된 새로운 금융 서비스를 이용할 수 있어야 한다는 게 가장 큰 이유였어요. 또 인터넷전문은행이 생기면 기존 은행에도 자극제가 되서 우리나라 금융 산업이 발전할 것으로 내다봤죠. 게다가 인터넷전문은행과 함께 IT산업이 커지면 젊은 사람들이 좋아하는 좋은 일자리도 많이 만들어질 수 있고요. 이런 이유로 정부금융위원회는 금융 개혁의 일환으로 인터넷전문은행을 적극 추진해 왔습니다.

현재까지 인터넷전문은행이 되기 위해 준비 중인 곳은 kt가 주도적으로 참여하는 케이뱅크준비법인와 카카오가 주도적으로 참여하는 카카오뱅크준비법인 두 곳입니다. 인터넷전문은행으로 사업을 시작하기 위해선 금융위원회의 인가를 받아야 해요. 두 준비법인 모두 지난해 11월 예비인가를 받았고, 케이뱅크가 올 8~9월, 카카오뱅크가 11~12월 본인가 신청을 앞두고 있습니다. 빠르면 3분기부터 인터넷전문은행을 만날 수 있다는 얘기죠.

그런데 이들 IT기업은 왜 인터넷전문은행을 하려고 할까요? 그건 금융 시장에서 IT기업들이 충분히 승산이 있다고 봤기 때문입니다. 우선 인력이나 점포 수를 많이 두지 않아도 되니까 기존 은행들만큼 사업에 드는 비용이 크지 않죠. 여기에 자신있는 IT기술을 접목해 새로운 금융 서비스를 만들어내면 많은 고객을 끌어모을 수 있다고 본 겁니다. 게다가 정부가 그동안의 각종 규제들을 풀어주면서 적극 돕겠다는 입장이니 안전판도 마련돼 있는 셈이죠.

이들 IT기업이 인터넷전문은행을 만들면 소비자들은 어떤 혜택을 받게 될까요? 앞서 이달 6일 임종룡 금융위원장은 카카오뱅크 준비법인을 방문했는데요, 이 자리에서 두 준비법인은 인터넷전문은행 설립 후 선보일 서비스를 발표했어요. 두 회사 모두 심혈을 기울이고 있는 분야는 '디지털 이자'와 '중금리 대출'이었습니다.

먼저 디지털 이자에 대해 알아볼까요? 디지털 이자는 현금으로 주는 이자 외에 다양한 방식으로 받게 되는 이자입니다. 두 인터넷전문은행은 각각 다양한 업종들과의 연합체주주 형태로 구성돼 있어요. 디지털 이자란 현금 이자 외에 이런 연합체 회원사의 서비스를 이용할 수 있는 포인트를 이자로 주겠다는 겁니다.

윤호영 카카오뱅크 공동대표는 "예금 이자의 고정관념을 깨서 음원·게임 포인트 등으로 이자를 받는 '내 마음대로 선택하는 이자'를 선보일 것"이라고 말했습니다. 안효조 케이뱅크 대표 역시 "통신 서비스와 미디어, 카드·보험·증권·편의점 등을 넘나들며 사용할 수 있는 포인트로 '디지털 이자'를 제공할 것"이라고 말했습니다.

중금리 대출 시장 역시 인터넷전문은행이 야심차게 준비 중인 사업 모델입니다. 중금리란 은행의 저금리와 저축은행·대부업체 등의 고금리 사이의 중간 금리대를 뜻해요. 두 인터넷전문은행은 자신들만의 신용평가 모델을 개발해 이 시장을 공략하겠다고 선언했습니다.

케이뱅크 측은 "기존 신용평가 데이터베이스DB 이외에 kt의 통신 DB, BC카드의 결제 DB, 주주사의 DB를 활용하면 5~6%의 중금리대 대출 상품도 가능하다"고 밝혔습니다. 통신사의 미납 정보나 BC카드 이용 내역 등 생활 정보를 신용 평가에 반영하겠다는 의미입니다.

카카오뱅크도 활용할 수 있는 카드가 많다는 입장입니다. 카카오는 '카카오 택시'나 '카카오 드라이버대리운전' 등 O2O온·오프라인 연계 서비스를 제공하고 있는 회사입니다. 만약 여러분이 성인이 되어 카카오택시나 카카오 대리운전 서비스를 자주 이용한다고 하면, 당신은 다른 사람보다 소득이 높은 사람일 가능성이 클 겁니다. 그럼 카카오는 이런 정보를 축적해 놨다가 여러분이 대출을 받을 때 신용평가에 해당 자료를 이용하겠다는 겁니다.

두 법인은 이 밖에도 다양한 서비스들을 준비 중에 있습니다. '로보어드바이저로봇+어드바이저'라고 해서 로봇이 자산을 관리해 주는 서비스도 준비 중에 있습니다. 기존에 은행의 자산관리전문가PB의 영역을 컴퓨터가 처리해 주는 것이죠. 먼저 본인가를 신청할 예정인 케이뱅크의 경우 맞춤형 금융 상품을 제안하겠다는 구상도 갖고 있습니다. 위치 기반 서비스를 활용해 여러분이 나중에 스키장이나 여행지를 갔을 때 관련 보험 상품이 스마트폰으로 전송될 수 있게 하는 서비스랍니다.

하지만 이들의 앞날이 탄탄대로인 것만은 아니에요. 아직 두 준비법인이 넘어야 할 '은행법 개정'이란 큰 산이 남아 있답니다. kt와 카카오 모두 현행 은행법으로는 인터넷전문은행의 지분을 4%의결권 없는 주식 포함 시 최대 10% 이상 보유할 수 없게 돼 있어요. 이렇게 되면 IT와 금융의 융합이라는 애초의 취지와는 달리 IT기업의 설 자리가 위축되는 것이죠. 올 하반기 kt와 카카오가 인터넷전문은행을 순조롭게 운영할 수 있을지 지켜볼 일입니다.

자료 : 김경진 기자(kjink@joongang.co.kr), 중앙일보 2016. 7. 19.
http://news.jtbc.joins.com/article/article.aspx?news_id=NB11274797

Q10. 포트폴리오 투자란?

포트폴리오Portfolio는 서류철 또는 서류가방을 뜻한다. 가방 안에 여러 서류들이 차곡차곡 정리되어 있음을 연상해 보자.

마찬가지로 포트폴리오 투자라 함은 여러 투자대상들이 묶여 있는 집합 투자로 이해하면 좋다. 사실 현명한 재력가들은 소위 몰빵 투자를 하지 않는다. 그들의 포트폴리오 안에는 현금, 주식, 채권, 파생상품, 금, 부동산 등이 조화롭게 분산 투자되어 있다. 어떤 사회, 어떤 상황이든 모든 투자대상들이 동시에 다들 잘 나갈 수는 없다. 금융상품 투자가 안 좋을 때면 대체 투자로 금 같은 현물 투자가 상대적으로 잘 나갈 수 있다. 물론 반대 상황도 있다.

$$
\begin{aligned}
E(R) &= \sum_i \omega_i E(R_i) \\
\sigma_R^2 &= \sum_i^n \omega_i^2 \sigma_i^2 + \sum_i \sum_j \omega_i \omega_j \sigma_{ij} \\
&= \sum_i^n \omega_i^2 \sigma_i^2 + \sum_i \sum_j \omega_i \omega_j r_{ij} \sigma_i \sigma_j
\end{aligned}
$$

포트폴리오 투자의 목적은 다음과 같다.

Min. 투자 리스크 subject to 적정 수익률 유지

포트폴리오 투자의 핵심은 분산diversified 투자인데, 분산 투자를 통해 투자 리스크를 줄일 수 있다.

"Do NOT put all eggs in one basket."

Do NOT put all eggs in one basket!

Q11. KRX Korea Exchange(한국거래소) 란?

(주)한국거래소는 증권 및 장내 파생상품의 공정한 가격 형성과 그 매매, 그 밖의 거래의 안정성 및 효율성을 도모하기 위해 증권거래소, 선물거래소, 코스닥 위원회, (주)코스닥증권시장 등 4개 기관이 통합되어 2005년 1월 27일 설립되었다.

한국거래소의 주요 기능 및 역할은 다음과 같다. 거래소 정관 제2조

- 유가증권시장 · 코스닥시장 · 코넥스시장 및 파생상품시장의 개설 · 운영에 관한 업무
- 증권 및 장내 파생상품의 매매에 관한 업무
- 증권의 매매 거래 및 장내 파생상품 거래에 따른 청산 및 결제에 관한 업무
- 장외 파생상품 거래의 확인, 청산 및 결제에 관한 업무
- 증권의 상장에 관한 업무
- 장내 파생상품 매매의 유형 및 품목의 결정에 관한 업무
- 상장법인의 신고 · 공시에 관한 업무
- 시장 감시, 이상거래의 심리 및 회원에 대한 감리에 관한 업무
- 증권의 경매업무
- 유가증권시장 · 코스닥시장 · 코넥스시장 및 파생상품시장 등에서의 매매거래와 관련된 분쟁의 자율조정에 관한 업무
- 시장 정보의 제공 및 판매에 관한 업무
- 각종 지수의 개발, 산출 및 판매에 관한 업무
- 시장과 관련된 전산시스템의 개발 및 운영에 관한 업무
- 부동산 및 전산장비 임대업무
- 외국거래소그 지주회사를 포함한다 및 증권 · 파생상품 관련 기관과의 제휴 · 연

계 · 협력 등에 관한 업무

- 외국거래소 및 증권 · 파생상품 관련 기관 등에 대한 시스템 수출 · 업무 자문 등에 관한 업무
- 석유제품 현물 전자상거래의 도입 및 운영에 관한 업무
- 금 현물시장의 개설 및 운영에 관한 업무
- 온실가스 배출권 거래시장의 개설 및 운영에 관한 업무
- 위 업무 이외에 법령에 따라 부여된 업무
- 그 밖에 위 업무에 수반되는 부대업무

KRX Site

Q12. KRX 정보를 활용하여 주식 투자 수익률을 어떻게 계산하나요?

KRX 사이트에서 특정 주식의 주가 정보를 검색할 수 있으며, 특정 기간 동안의 주가 정보를 쉽게 EXCEL 파일로 변환할 수 있다.

한편, 주식 투자 수익률을 계산할 때 현실 금융 세계에선 '로그수익률'을 사용함을 유념할 필요가 있다.

KRX Site에서 주식 정보 찾기

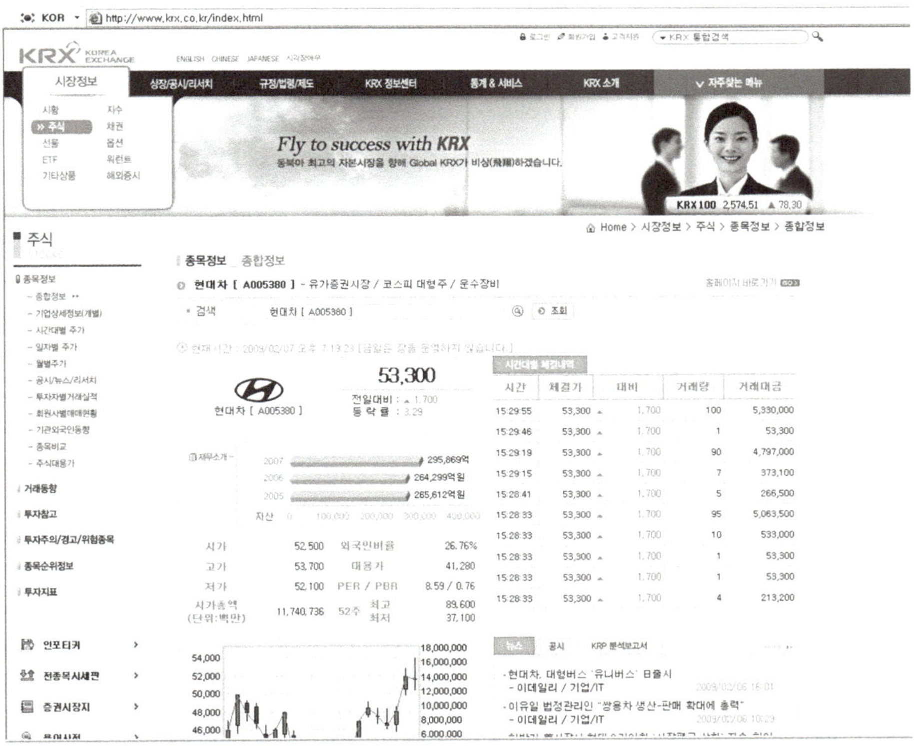

KRX Site에서 찾은 특정 주식 주가 정보

Home > 시장정보 > 주식 > 종목정보 > 일자별 주가

주식 STOCKS

- 종목정보
  - 종합정보
  - 기업상세정보(개별)
  - 시간대별 주가
  - 일자별 주가
  - 월별주가
  - 공시/뉴스/리서치
  - 투자자별거래실적
  - 회원사별매매현황
  - 기관외국인동향
  - 종목비교
  - 주식대용가
- 거래동향
- 투자참고
- 투자주의/경고/위험종목
- 종목순위정보
- 투자지표

인포티커 >

전종목시세판 >

증권시장지 >

용어사전 >

시장운영공지 >

종목정보 _ 일자별 주가

현대차 [A005380] - 유가증권시장 / 코스피 대형주 / 운수장비

- 검색: 현대차 [A005380]
- 조회기간: 1일 1주일 1개월 3개월 6개월 20080806 ~ 20090206 조회

현재시간 : 2009/02/07 오후 7:20:32 [금일은 장을 운영하지 않습니다.]

현재가	전일비	등락률(%)	시가	고가	저가	거래량(주)	거래대금(백만원)
53,300	▲ 1,700	3.29	52,500	53,700	52,100	1,756,154	93,009

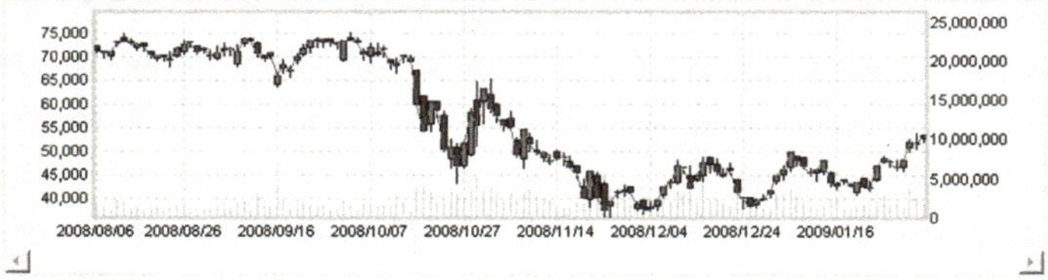

일자	종가		대비	거래량(주)	거래대금(백만)	시가	고가	저가	시가총액
2009/02/06	53,300	▲	1700	1,756,154	93,009	52,500	53,700	52,100	11
2009/02/05	51,600	▼	300	2,575,470	134,913	51,500	54,000	50,400	11
2009/02/04	51,900	▲	3850	3,679,561	189,693	50,400	52,900	49,850	11
2009/02/03	48,050	▲	1650	1,396,010	66,507	46,500	48,750	45,850	10
2009/02/02	46,400	▼	1100	1,877,675	88,535	46,800	48,450	46,150	10
2009/01/30	47,500	▼	1000	1,598,399	76,520	47,400	48,550	46,700	10
2009/01/29	48,500	▲	1500	2,752,902	133,920	47,600	49,200	47,400	10
2009/01/28	47,000	▲	5000	2,073,753	95,059	43,650	47,100	43,650	10
2009/01/23	42,000	▼	250	1,435,871	61,329	42,250	43,950	41,700	9

주가 정보를 활용한 로그수익률 계산

C4 =LN(B4/B5)

	A	B	C	D
1	기아차	000270		
2				
3	일자	종가	수익률	
4	2006-09-07	15,750	-0.003169575	
5	2006-09-06	15,800	-0.00315956	
6	2006-09-05	15,850	0.019108862	
7	2006-09-04	15,550	-0.015949301	
8	2006-09-01	15,800	0.032157112	
9	2006-08-31	15,300	0.003273325	
10	2006-08-30	15,250	-0.019481136	
11	2006-08-29	15,550	-0.012779727	
12	2006-08-28	15,750	-0.012618464	
13	2006-08-25	15,950		
14				
15		평균수익률(일)	-0.001402	
16		분산(일)	0.000296	
17		표준편차(일)	0.017207	
18				
19		평균수익률(년)	-0.350513	
20		표준편차(년)	0.272071	
21				

Tips 로그수익률

물처럼 흐르는 주가

주가가 1만원이었다가 1만 1,000원으로 오르면 수익률은 10%다. 하지만 주식전문가들은 이 경우 수익률이 10%라고 말하기보다는 9.53%라고 말하는 경우가 있다. 로그수익률이라는 것 때문이다.

고등학교 수학에서 로그함수라는 걸 배운다. 로그수익률은 이 로그함수를 이용해서 계산한다. 정확히 말하면, 수익률에 1을 더한 후 로그를 취하면 로그수익률이 된다. 계산 자체는 어렵지 않다. 마이크로소프트 엑셀 등의 스프레드시트 프로그램을 열고 숫자를 쳐서 넣기만 하면 그만이다. 이해하기 어려운 부분은 수익률을 한 번 계산했으면 됐지, 왜 로그라는 걸 취해서 새로운 숫자를 계산하는가이다.

주가가 1만원에서 1만 1,000으로 오를 때 수익률을 10%라고 하지 않고 9.53%라고 말하는 것은 시간의 연속성이라는 개념과 관련이 있다. 시간의 연속성이라는 개념은 디지털 시계와 아날로그 시계를 비교해 보면 쉽게 이해할 수 있다. 지금 필자의 컴퓨터 시계는 11시 45분에 멈추어 있다. 하지만 손목시계의 시침과 분침은 계속 움직이고 있다. 움직이는 속도가 빠르지는 않지만, 시계가 고장난 것이 아니라면 시침과 분침은 계속 움직이고 있어야 한다. 디지털 시계가 나타내는 시간은 비연속적이다. 스크린의 숫자가 바뀌는 순간을 제외하고는 시간은 한 곳에 고정돼 있다. 반면 아날로그 시계가 나타내는 시간은 연속적이다. 어느 순간에도 멈춰 있지 않고 항상 변한다. 시간이 아날로그 시계가 나타내는 것처럼 끊임없이 흐르는 것이라면, 시간의 최소 단위라는 건 존재하지 않는다. 다시 말해 시간은 무한하게 분할 가능하다. 시간이 무한히 분할 가능한 것이라면 디지털 시계는 항상 틀린 시간만을 보여준다고 할 수 있다. 디지털 시계가 지금의 시각이 11시 45분이라고 보여주는 동안 실제 시간은 끊임 없이 흐르고 있기 때문이다.

주가가 1만원에서 1만 1,000원으로 올랐을 때 수익률이 10%라고 말하는 것은 디지털 시계를 이용해서 수익률을 측정하는 셈이다. 시간이 쉬지 않고 흐르듯 주가도 끊임 없이 연속적으로 변한다는 것을 간과하고 있기 때문이다. 주가가 1만원에서 1만 1,000원으로 갑자기 증가한 것이 아니고 아날로그 시계 바늘이 움직이듯 일정한 속도로 증가한 것이라면, 이 일정한 증가 속도를 찾아내는 게 필요하다. 그렇지 않고서는 한순간 한순간의 정확한 수익률을 말할 수 없기 때문이다.

로그수익률은 한순간 한순간 주가가 증가하는 속도를 보여준다. 주가가 하루 동안 1만원에서 1만 1,000원으로 증가했을 때 로그수익률이 9.53%라고 말하는 것은 매 시간 주가는 9.53%를 24로 나눈 속도로 증가하고, 매 분 주가는 9.53%를 24 곱하기 60으로 나눈 속도로 증가하고,

매 초 주가는 9.53%를 24 곱하기 60 곱하기 60으로 나눈 속도로 증가한다는 것을 뜻한다. 9.53% 대신에 10%라는 숫자를 쓰면 이런 계산을 할 수가 없다.

로그수익률 계산이 왜 필요한지는 분명하다. 로그수익률을 계산하지 않고는 주식이론을 응용하는 데 필요한 많은 계산이 거의 불가능하다. 그런데 로그수익률의 바탕에 깔려 있는 시간이 연속적이라는 생각에는 문제가 없는 걸까? 시간이 정말로 연속적인 것이라고 믿는다면 여러 가지 현실적 문제에 부딪치게 된다. 피아노 연주를 생각해 보자. 오른손으로는 '멜로디'를 연주하고 왼손으로는 '코드'를 연주하는 경우가 많다. 두 손을 모두 써서 피아노를 연주할 때 가장 기본적인 것은 두 손이 동시에 움직여야 한다는 점이다. 왼손이 도, 미, 솔을 누르고 오른손이 미를 눌러야 한다면 네 개의 손가락이 네 개의 키를 동시에 눌러 주어야 한다. 그런데 시간이 정말로 연속적인 것이라면 네 개의 손가락이 네 개의 키를 동시에 누를 방법은 없다. '순간의 차이'가 있을 수밖에 없다. 각 손가락이 키에 닿는 순간을 디지털 시계가 아닌 아날로그 시계로 기록한다면 말이다.

텔레비전를 생각해 봐도 그렇다. 시간이 연속적이라고 믿는다면 어떤 동작을 한 순간도 빠뜨리지 않고 텔레비전 화면으로 보여줄 방도는 없다. 텔레비전은 '스냅 사진'을 아주 빠른 속도로 바꾸어 보여주는 것에 불과하다. 옛날 텔레비전은 1초에 50장에서 100장 정도의 스냅 사진을 보여주었다고 한다. 최근의 텔레비전은 아마 이보다 더 많은 '스냅 사진을 보여줄 것이다. 하지만 본질에는 변화가 없다. 순간순간을 포착해서 이를 연결시킨 것뿐이지, 거기에 진정한 연속성이 있는 것은 아니다.

시간이 연속적이라는 아날로그적 생각은 현실에서는 별로 유용하지 않다. 21세기를 디지털 시대라고 하지 않나. 현대 기계 문명의 상당 부분은 시간이 비연속적이라는 디지털적 생각에 바탕하고 있다. 주식전문가들이 로그수익률을 쓰는 것은 꼭 시간이 연속적이라고 믿기 때문은 아니다. 다른 '엔지니어링' 분야에서와는 달리 주가수익률 계산에 있어서는 시간이 연속적이라는 가정이 유용하기 때문이다.

자료 : 이데일리 김대환 칼럼니스트(http://m.blog.naver.com/mustsail/10043425766)

로그수익률

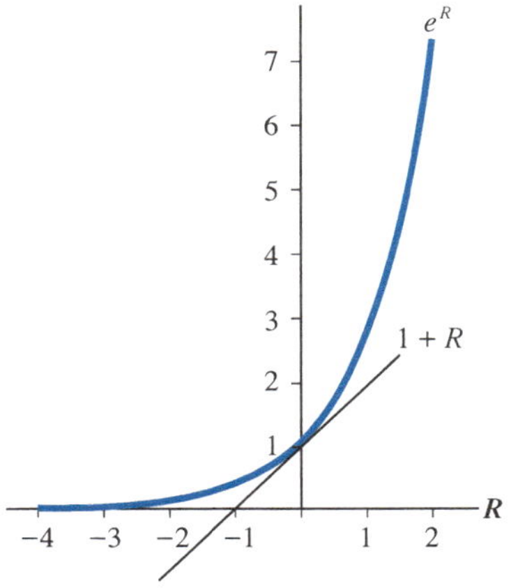

수익률 R $\qquad R = \dfrac{P_{t+1} - P_t}{P_t}$

$\ln(1+R) \simeq R$ Why?

$$1 + R = 1 + \frac{P_{t+1} - P_t}{P_t} = \frac{P_{t+1}}{P_t}$$

$$\ln(1+R) = \ln\left(\frac{P_{t+1}}{P_t}\right) \simeq R$$

Q13. 포트폴리오 투자는 항상 좋은가요?

Not necessarily!

적정 수익률을 올리면서 투자 리스크를 줄일 수 있기 때문에 포트폴리오 투자가 좋다고 했지만 무조건적인 포트폴리오 투자가 항상 좋다고 단언할 수는 없다. 그 이유는 별 볼 일 없는 포트폴리오 투자가 있을 수 있기 때문이다. 즉, 투자 리스크 감소 효과가 크지 않은 포트폴리오 투자도 있다.

좋은 포트폴리오 투자 vs. 별 볼 일 없는 포트폴리오 투자

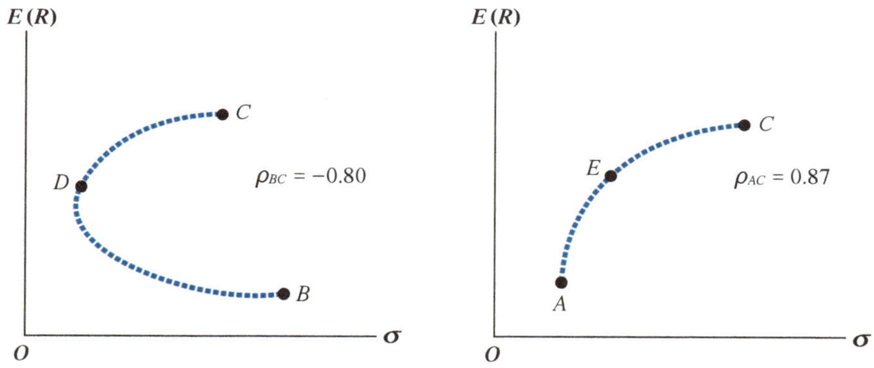

(a) Portfolio $D = \frac{1}{3}B + \frac{2}{3}C$ (b) Portfolio $E = \frac{1}{2}A + \frac{1}{2}C$

포트폴리오 D는 $\frac{1}{3}B + \frac{2}{3}C$로 구성되는데 투자 리스크가 현격히 감소되는 반면, $\frac{1}{2}A + \frac{1}{2}C$로 구성되는 포트폴리오 E의 경우는 투자 리스크 감소 효과가 미미하다.

무슨 차이일까?

$$\rho_{BC} = -0.80, \qquad \rho_{AC} = +0.87$$

Q14. 포트폴리오 투자의 투자 리스크 감소 효과는 무엇이 좌우할까요?

포트폴리오 투자의 투자 리스크 감소 효과는 포트폴리오를 구성하는 자산 수익률 간의 상관 정도에 달려 있다. 즉, 자산 수익률 간의 상관 정도가 낮으면 낮을수록 포트폴리오 투자의 투자 리스크는 감소한다.

$$\sigma_p \downarrow \quad \leftarrow \quad \rho_{xy} \downarrow$$

포트폴리오 투자의 리스크 감소 효과

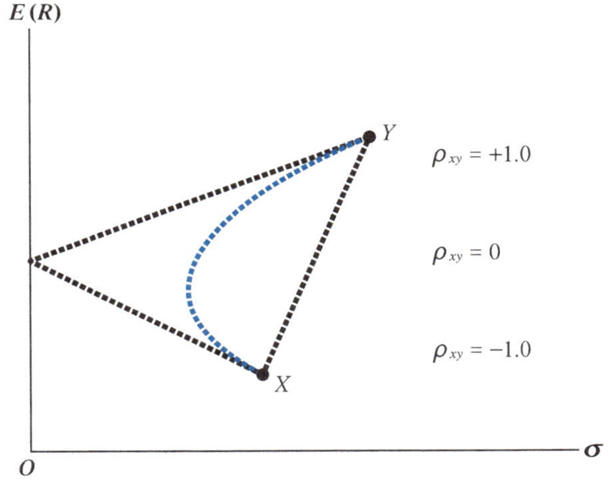

엑셀을 활용한 포트폴리오 투자 구성의 예[1]

수익률 분포					분산과 공분산의 계산		
확률	자산 X	자산 Y	X의 평균	Y의 평균	X의 분산	Y의 분산	공분산
0.2	0.00	0.08	0.000	0.016	0.0020	0.0030	0.0024
0.6	0.10	0.30	0.060	0.180	0.0000	0.0058	0.0000
0.2	0.20	0.03	0.040	0.006	0.0020	0.0059	(0.0034)
			0.100	0.202	0.0040	0.0147	(0.0010)
			10%	20.20%			
					X의 표준편차	Y의 표준편차	상관관계계수
					0.0632	0.1211	(0.1306)
					6.33%	12.11%	

포트폴리오 분산 효과

X의 비중	Y의 비중	포트폴리오 위험	수익	위험(가중평균)	분산효과
0.00	1.00	0.1211	0.2020	0.1211	0.0000
0.05	0.95	0.1146	0.1969	0.1182	0.0035
0.10	0.90	0.1083	0.1918	0.1153	0.0070
0.15	0.85	0.1021	0.1867	0.1124	0.0103
0.20	0.80	0.0960	0.1816	0.1095	0.0135
0.25	0.75	0.0901	0.1765	0.1066	0.0165
0.30	0.70	0.0844	0.1714	0.1037	0.0193
0.35	0.65	0.0789	0.1663	0.1008	0.0219
0.40	0.60	0.0737	0.1612	0.0979	0.0242
0.45	0.55	0.0689	0.1561	0.0950	0.0261
0.50	0.50	0.0645	0.1510	0.0922	0.0276
0.55	0.45	0.0607	0.1459	0.0893	0.0286
0.60	0.40	0.0575	0.1408	0.0864	0.0289
0.65	0.35	0.0550	0.1357	0.0835	0.0284
0.70	0.30	0.0535	0.1306	0.0806	0.0271
0.75	0.25	0.0528	0.1255	0.0777	0.0249
0.80	0.20	0.0532	0.1204	0.0748	0.0216
0.85	0.15	0.0544	0.1153	0.0719	0.0175
0.90	0.10	0.0566	0.1102	0.0690	0.0124
0.95	0.05	0.0596	0.1051	0.0661	0.0065
1.00	0.00	0.0632	0.1000	0.0632	0.0000

1. 『투자분석』(한국금융연수원, 2004) 일부 내용 참조.

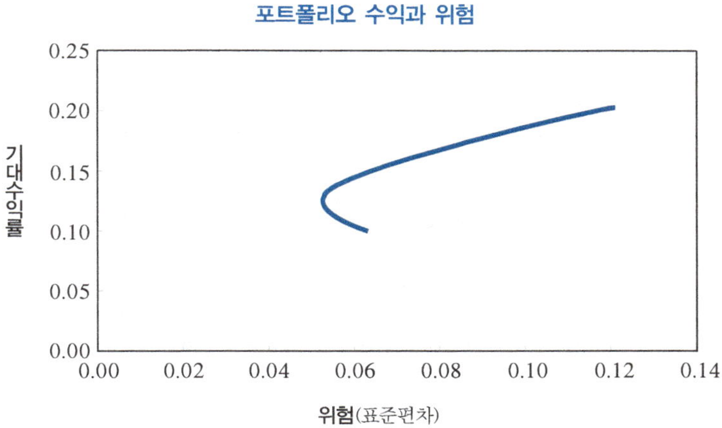
포트폴리오 수익과 위험
기대수익률
0.25
0.20
0.15
0.10
0.05
0.00
0.00
0.02
0.04
0.06
0.08
0.10
0.12
0.14
위험(표준편차)

Q15. 효율적 투자선Efficient Frontier 이란?

'효율적efficient' 이란 비용 대비 효과가 높음을 의미하며, 효율적 투자란 적정한 수익률을 유지하면서 투자 리스크를 최소화할 수 있는 투자를 뜻한다.

숱하게 많은 투자대상 중에서 가장 효율적인 투자의 집합이 효율적 투자선 상의 투자가 된다. 왜? 특정 수익률을 유지하는 투자 중에서 가장 리스크가 작은 투자 또는 특정 리스크 수준에서 가장 수익률이 높은 투자의 집합이기 때문이다.

효율적 투자선 또한 자본시장의 균형을 보여준다.

효율적 투자선

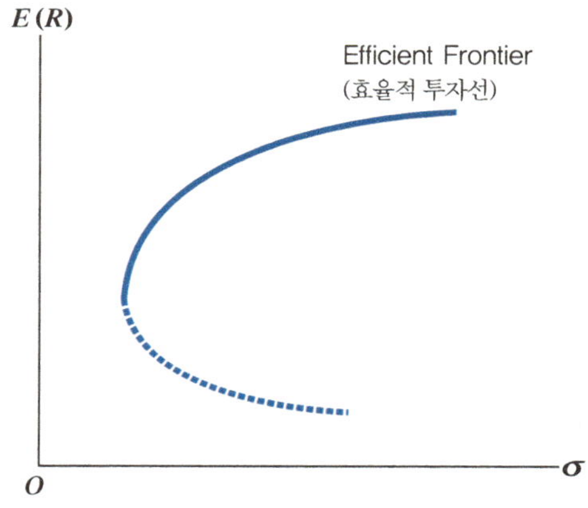

효율적 투자선의 구성 예

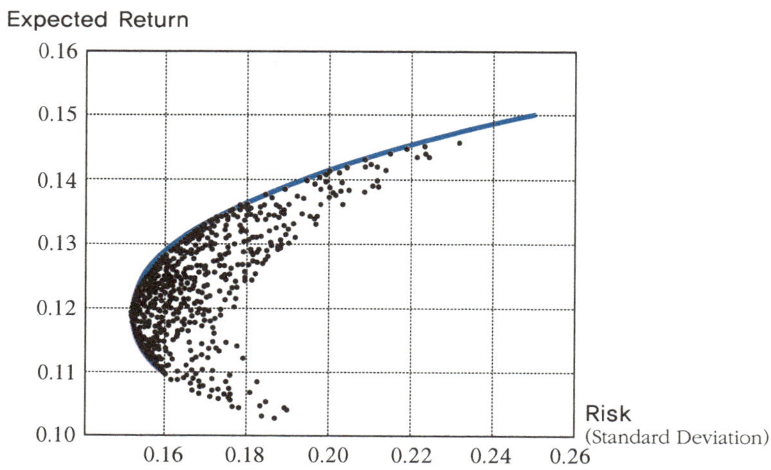

Q16. 세상에 투자 리스크가 없는 투자대상이 있을까요?

Probably Not!

그럼에도 불구하고 투자 리스크가 거의 없는 투자대상을 생각해 볼 수 있는데, 예로는 절대 망하지 않을 것으로 예상되는 세계 최강국에서 발행된 국채를 들 수 있다.

예〉 US Treasury Bill 만기 1년 미만,

US Treasury Note 만기 1~10년,

US Treasury Bond 만기 10년 이상

투자 리스크가 없는 투자대상 자산을 무위험자산 R_F Risk Free Asset 라 하고 동 자산의 수익률을 무위험자산수익률 R_F 이라고 하는데 그 수익률 수준은 매우 낮을 것이다.

무위험자산 R_F

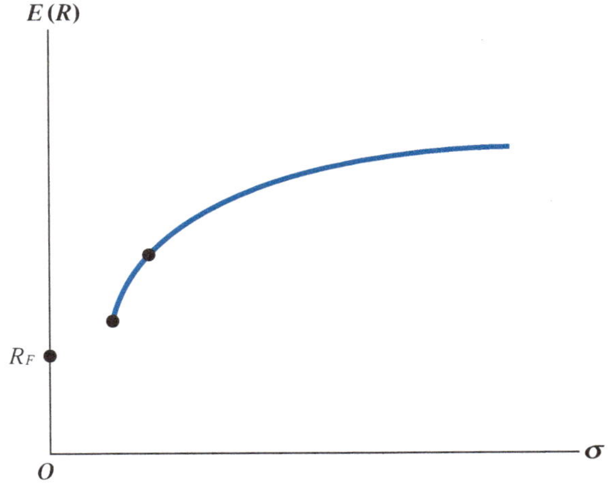

Q17. 자본시장선은 어떻게 도출하나요?

자본시장선Capital Market Line은 무위험자산 R_F와 효율적 투자선 상의 시장포트폴리오 M Market Portfolio과의 조합에 따른 직선이다.

무한한 자금력을 갖고 있고 완벽한 정보력을 가진 완벽한 투자자의 입장에서 최고의 투자는 자본시장선 상의 투자가 된다.

시장포트폴리오 M Market Portfolio은 효율적 투자선 상에 존재하는 포트폴리오 중의 하나인데 투자자 입장에서 R_F와 효율적 투자선 상의 포트폴리오와의 투자 조합을 생각해 볼 때 최고의 투자대상이 된다.

자본시장선Capital Market Line의 구성은

R_F와 M 사이의 투자시장의 대출 기능을 활용한 투자

\+ M 점 이상의 투자시장의 차입 기능을 활용한 투자

여기서 투자자가 무위험자산 R_F로 정부에서 발행하는 국채를 매입한다는 얘기는 정부에 자기의 돈을 빌려준다는 말이 되며 자본시장의 대출 기능을 활용한다는 뜻이다.

또한 자신의 돈 100%를 시장포트폴리오 M에 이미 투자한 상태에서 남의 돈을 빌려서라도즉, 자본시장의 차입 기능 활용 유일한 투자대상 M에 더 투자할 수도 있음을 유념하자.

자본시장선의 공식은 어떻게 정리할 수 있을까?

여기서 시장의 대출이나 차입은 무위험자산수익률 R_F로 무한정 가능하다고

가정하고 있다. 그런데 만약 차입 이자율이 대출 이자율보다 높으면 자본시장선의 모양은 어떻게 바뀔까?

자본시장선

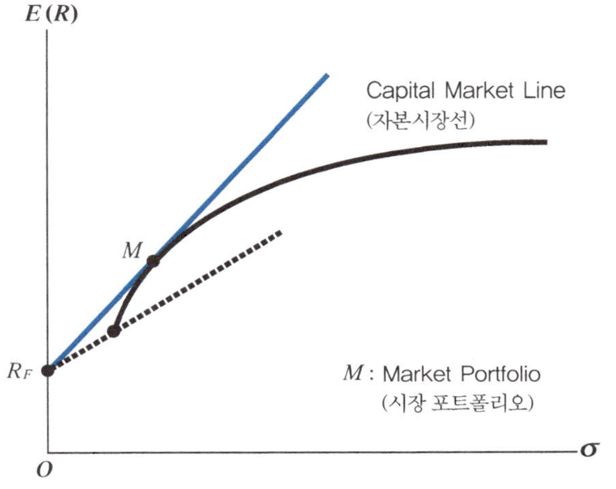

Q18. 시장포트폴리오 $M^{\text{Market Portfolio}}$의 정의는?

시장포트폴리오 $M^{\text{Market Portfolio}}$은 오늘 현재 자본시장에 존재하는 모든 자산들로 (시장가치의 비중에 따라) 구성된 완벽하게 분산된 포트폴리오를 의미한다.

시장포트폴리오 M 안에는 우량주도 있고 잔챙이도 있을 것인데 이 중에서 특정 주식 i의 경우를 보자.

$$\left\langle \begin{array}{l} \text{기대수익률 } E(R_i) \\ \text{투자 리스크 } \sigma_i \end{array} \right.$$

완벽하게 분산된 투자 포트폴리오 M에 투자하고 있는 완벽한 투자자의 입장에서 볼 때, 투자 리스크 σ_i 중에는 이미 분산 제거된 투자 리스크도 있고 분산 투자를 통해서도 제거할 수 없는 투자 리스크가 있다.

이제 완벽한 투자자의 입장에선 분산 투자를 통해서도 제거할 수 없는 투자 리스크 β_i만이 문제가 된다.

Only β matters!

시장포트폴리오와 특정 자산의 리스크

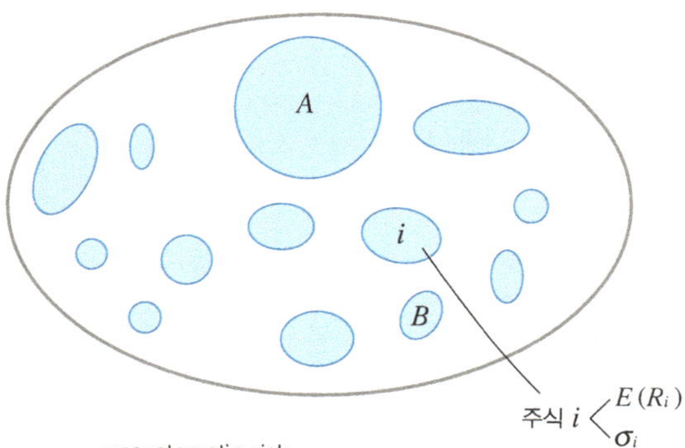

한 시장에 존재하는 모든 위험자산을 시장가치의 비중에 따라 구성한 완전 분산된 포트폴리오 M

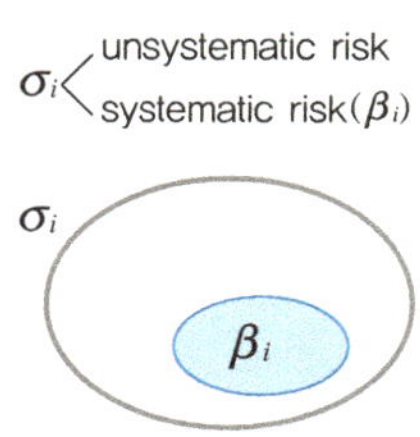

β_i는 R_i와 R_M 간의 관계

Q19. 체계적 리스크 vs. 비체계적 리스크?

시장포트폴리오 *M*에 투자하고 있는 완벽한 투자자의 입장에서 볼 때, 이미 분산 제거된 투자 리스크를 비체계적 리스크unsystematic risk라 하고, 분산 투자를 통해서도 제거할 수 없는 투자 리스크를 체계적 리스크systematic risk라고 한다.

여기서 시스템이라 함은 일개 투자자가 감히 거스를 수 없는 시장 전체를 움직이는 시스템을 의미한다. 체계적 리스크의 예로는 세계적인 경제 위기, 국운이 상승하는 고무적인 분위기, Brexit 등이 있다.

반면에 특정 업체의 특정 사건이나 사고예 : 공장 화재, 대형 사건 승소, 대박 신제품 개발, CEO 사망 등는 시장 전체의 흐름과는 무관하지만 해당 기업의 주가엔 틀림없이 영향을 미치게 되는데 이런 리스크를 비체계적 리스크라고 한다.

이렇게 개인 투자자의 역량과는 상관없이 투자 리스크 중엔 도저히 제거할 수 없는 체계적 리스크가 존재하므로 포트폴리오 투자의 분산 효과에는 한계가 있을 수밖에 없다.

체계적 리스크 vs. 비체계적 리스크

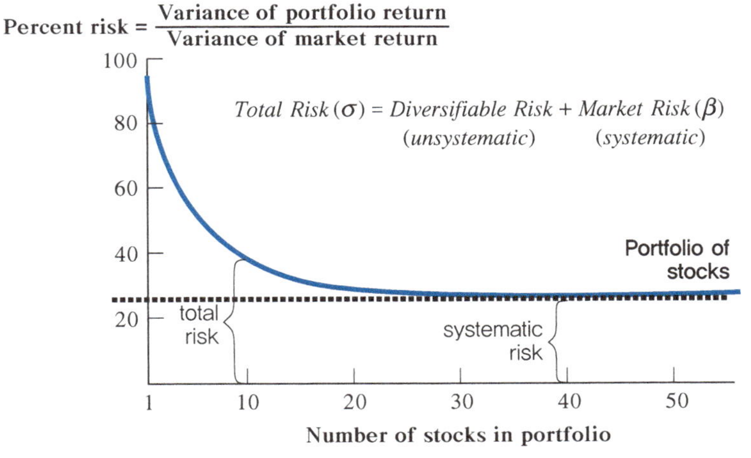

Q20. 특정 주식 i의 체계적 리스크 β_i값을 계산할 수 있나요?

Yep!

β_i는 특정 주식 i의 체계적 리스크이다. 이는 특정 주식 i의 수익률 $E(R_i)$와 시장포트폴리오 수익률 $E(R_M)$ 간의 관계성으로 이해할 수 있다.

β_i값은 거의 대부분 +의 값을 갖는데 이론적으로는 −값도 가능

$\beta_i > 1.0$이라면 주식 i는 시장의 움직임에 상당히 민감하다는 얘기이며,

$\beta_i < 1.0$이라면 민감성이 떨어진다는 뜻이다.

β_i값은 특정 주식 수익률과 시장포트폴리오 수익률 데이터만 있으면 회귀분석 Regression을 통해 쉽게 구할 수 있다.

체계적 리스크 β

$$R_i = \alpha + \beta_i R_M + e_i$$

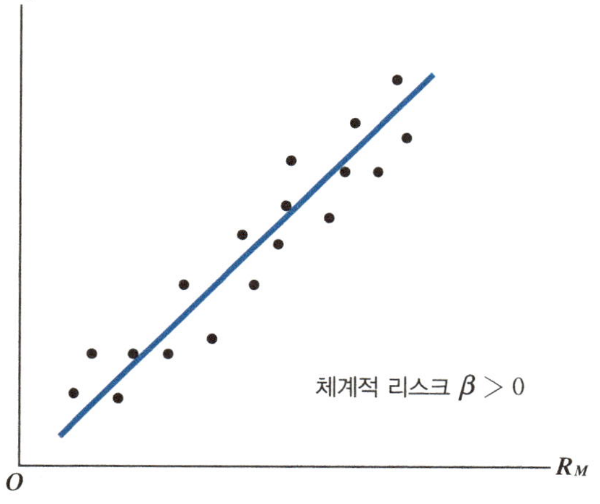

회귀분석을 활용한 β값 추정의 예

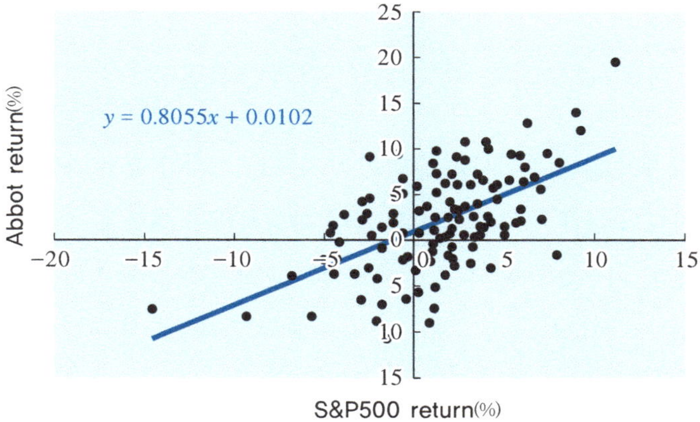

Q21. 증권시장선과 CAPM 이론의 의의는?

주식 투자자의 최대 관심사는 본인이 투자하는 주식의 향후 가격 동향일 것이다. 현재 주가보다 미래 주가가 높아질 것이 확실하다면 해당 주식을 구입하여 큰 돈을 벌 수 있고, 거꾸로 미래 주가가 현재 주가보다 떨어진다면 지금 주식을 팔아서 손실을 줄일 수 있다.

그런 정보를 제공하는 것이 CAPM 이론이다. 주식 투자자나 자본시장 연구자의 입장에선 최고의 이론이 아닐 수 없으며 마땅히 큰 상을 받을 가치가 충분한 이론이 되는바 1990년 Sharpe, Markowitz, Miller 교수가 노벨 경제학상을 공동 수상하였다.

CAPM(Capital Asset Pricing Model(자본자산가격 결정 모형))에 의거 간단한 증권시장선(Security Market Line) 공식을 통해 자본시장에 존재하는 여하한 자산의 균형 수익률도 동 자산의 β값만 알면 쉽게 구할 수 있다.

$$E(R_i) = R_F + \beta_i[E(R_M) - R_F]$$

증권시장선(Security Market Line) 공식에 따라 특정 자산의 균형 수익률을 구할 수 있는데 미래의 투자 수익률을 구할 수 있다는 것은 동 자산의 미래 가격도 예측할 수 있다는 얘기가 된다.

Really?

재무에서 가치 평가(Valuation or Pricing)의 중요성은 지대하다. 특정 재화나 용역을 거래하는 사람은 해당 재화나 용역의 적정한 시장가치를 알아야 현명한 거래를 할 수 있다. 현재의 가치나 미래의 가치를 알 수 있다면 Buy Low Sell High 원칙에 의거하여 돈을 벌 수 있을 것이다.

CAPM 이론은 이후에 등장한 Valuation 모델인 APM[Arbitrage Pricing Model], OPM[Option Pricing Model]의 결정적인 밑거름이 되었다.

SML & CAPM

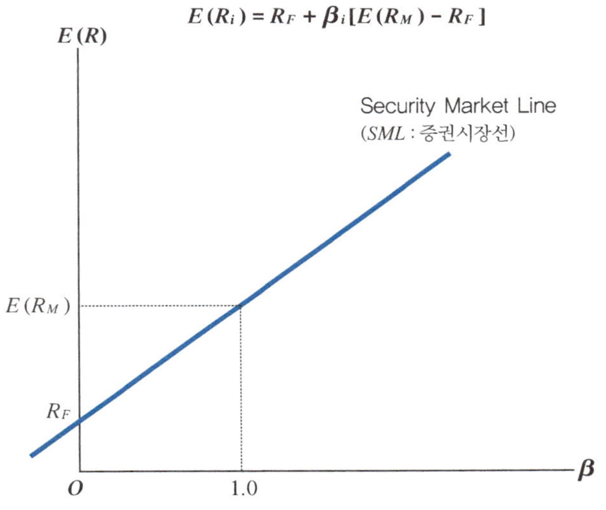

Q22. CAPM 이론에 따라 투자하면 백전백승일까요?

Not Really!

여기서도 역시 이론과 실제의 차이가 극명하다. CAPM 이론에 따라 주식이나 채권 등에 투자하면 백전백승해야 마땅하지만 실제로는 전혀 그렇지 않다. 이게 바로 이론의 한계이다.

모든 이론은 특정한 가정을 전제로 하는데 그 가정들이 얼마나 현실적이냐에 따라 좋은 이론으로 평가된다. CAPM 이론 또한 다분히 비현실적인 가정을 전제로 하는바 동 이론을 현실에서 그대로 응용하는 데에는 분명한 한계가 있다.

Tips CAPM 이론의 가정

CAPM의 기본 가정은 Markowitz의 포트폴리오이론에서 전제가 되었던 가정에, 두 가지 가정이 추가되어 있다.

① **투자자의 합리성** : 모든 투자자들은 위험 증권에 투자할 경우 마코비츠의 이론에 따라 최적 포트폴리오에 투자한다.

② **미래 수익률의 동질적 예측** : 모든 투자자들은 자본자산의 기대수익률, 분산 등에 대하여 동질적 기대를 한다.

③ **평균-분산 기준** : 증권시장은 균형 상태이다. 고로 수요, 공급이 일치해서 공정시장가격을 형성한다.

④ **단일기간의 투자** : 모든 투자자들은 동일한 단일투자기간을 가지며, 모든 자본자산은 무한하게 분할이 가능하다.

⑤ **무위험자산의 존재** : CAPM의 상황에서는 무위험자산이 존재하며 무위험이자율로 얼마든지 차입 또는 대출이 가능하다.

⑥ **완전시장** : 완전시장의 조건 중에서 특히 세금과 거래비용이 없다는 것과 자산이 무한하게 분할 가능하다는 조건이 필요하다.

피터 번스타인 지음
안진환 · 김성우 옮김
한국경제신문사 | 1997년

전 세계가 금융위기로 아우성이다. 각국에서는 유동성을 증가시키고, 은행 구조를 개선하고, 감세 혜택을 주고 있지만 이 위기가 언제 끝날지 제대로 예측할 수 있는 사람은 아무도 없다.

IMF라는 큰 위기를 한 차례 넘긴 한국도 처음 겪는 일처럼 모두 잔뜩 긴장하며 움추려 있다. 이런 상황에서 우리는 어떻게 살아야 하는가? 아무것도 하지 않아도 우리의 자산가치는 '후두둑' 떨어지고 있다. 가만히 앉아만 있어도 손해인 시절이다. 주식만 봐도 연초 대비 45% 이상 떨어졌다. 이제부터는 잃지 않으려는 방법을 아는 것이 중요하다. 금이 간 항아리에 물을 붓고 있다면 이 시점에서 중요한 것은 물을 많이 붓는 것이 아니라 항아리의 균열을 정확히 인식하는 것이다.

고대부터 지금까지 우리는 불확실성의 시대를 살고 있다. 그러나 인류는 그 불확실성을 또 하나의 기회로 삼아 경제를 비롯해 삶 전반에 걸쳐 발전에 발전을 거듭했다. 그동안 우리가 살아왔던 대로 다시 '리스크'하게 살아간다면 지금의 불황도 문제없이 이겨낼 것이다. 리스크라는 단어는 '뱃심 좋게 도전하다'라는 의미의 초기 이탈리어에서 유래되었다. 이런 의미에서 본다면 리스크는 운명이 아니라 선택인 셈이다. 선택은 도전하는 인생관을 가진 자들만이 고민하는 영역이다. 개인의 자유 의지에 따라 얼마든지 바뀔 수 있다. 피하고 숨는 것이 아니라 기회를 포착하고 도전하는 것이 바로 리스크이다.

자료 : http://book.naver.com/bookdb/book_detail.nhn?bid=5231797

20세기에 접어들면서 리스크를 관리하고자 하는 노력이 본격화되었는데 Peter Bernstein은 *Against the Gods*리스크에서 인류가 불확실성이라는 신의 영역에 감히 도전하게 되었다고 역설한 바 있다. 보험, FRM, CRM 등 리스크관리학의 진화는 가히 눈부시다. 그러나 불확실성, 즉 리스크는 여전하다. 아니 더욱더 많아지고 더욱더 위세가 커지는 것 같다. 불확실성은 역시 우리 인간이 범접할 수 없는 신의 영역인가?

이제 리스크 관리는 우리 모두에게 필수가 되었다. 우리는 리스크를 제대로 관리해야 한다. 개인, 기업, 국가 등 지속 성장을 추구하는 각 사회 주체의 입장에서 그들이 당면하고 있는 여러 리스크들을 검토하고 바람직한 리스크 관리 방안들을 강구해야 한다. 리스크 관리는 특정 전문인이나 특정 금융기관의 기능일 뿐이라는 편견을 깨고 왜 리스크 관리가 우리 모두에게 필요한지, 어떻게 리스크를 제대로 관리할 수 있는지를 같이 고민해야 하겠다. 궁극적으로 우리 사회의 리스크 관리에 대한 인식을 제고하고 리스크 관리 관련 비즈니스의 발전을 적극 지원해야 한다.

Q23. 효용의 결정 요인은?

Q24. 로빈슨 크루소 경제란?

Q25. 교환경제의 이점은?

Q26. 생산가능곡선이란?

Q27. 좋은 투자의 조건은?

Q28. 최적의 투자규모는 어떻게 분석할 수 있나요?

Q29. 기업의 시장가치는 어떻게 높일 수 있나요?

투자

Finance and Accounting
ch. two

2

가을학기도 벌써 한 달이 지났다. 재무와 회계 수업은 당초 우려와는 달리 그럭저럭 들을만 하다.

아무거나 투자만 하면 돈이 들어오는줄 알았는데 … 그게 아니란 걸 알게 되었다. 주식 투자 얘기를 하면서 수익률, 리스크, 동적 균형, 자본시장, 포트폴리오 투자, 체계적 리스크, 균형가격 결정 등 많은 걸 배웠다. 그만큼 제대로 된 투자를 하려면 경제의 많은 활동들을 잘 이해해야 한다는 말이리라. 소비, 대출, 차입, 교환, 투자, 생산, 무역 등.

그런데 이런 많은 경제행위들은 도대체 뭐 땜에 하는 걸까? 나는 왜 죽어라고 공부해서 대학엘 들어왔지? 옆자리에 있는 중국 유학생은 왜 자기 나라를 떠나 한국에 와 저 고생을 하는 걸까? 저기 뒷자리에서 친구들과 수다를 떨고 있는 프랑스 교환학생 앙리는 왜 한국에 온 걸까? 다들 자기 나름대로 자신의 가치를 높이고자 하는 노력이지 싶다.

비즈니스도 마찬가지? 강의 첫날 오리엔테이션 시간에 비즈니스의 기본 목표를 기업가치의 극대화로 얘기했던 기억이 난다. 그래 맞아. 모든 비즈니스는 많은 활동들을 통해 자기 기업의 가치를 높이고자 힘쓰는 것이다. 개인, 가정, 비즈니스, 조직, 사회, 국가도 다 마찬가지겠지?

Q23. 효용의 결정 요인은?

효용Utility은 '전반적인 만족overall satisfaction'으로 정의되며, 우리 모두가 추구하는 행복과 큰 차이가 없다.

우리는 어떻게 해야 행복해지는가? 기본적으로 잘 먹고 잘살아야 행복해지지 싶은데 그것도 지속 가능한 행복이어야 할 것이다. 잠시 잠깐의 행복은 큰 의미가 없겠다. 해서 오늘과 내일, 현재와 미래라는 다多기간multi-period 분석이 중요하다.

너무 단순하지만 효용은 오늘 및 내일의 소비의 함수라고 가정하자.

오늘의 소비 $C(1)$

$$\rightarrow U[C(1), C(2)]$$

내일의 소비 $C(2)$

소비와 효용

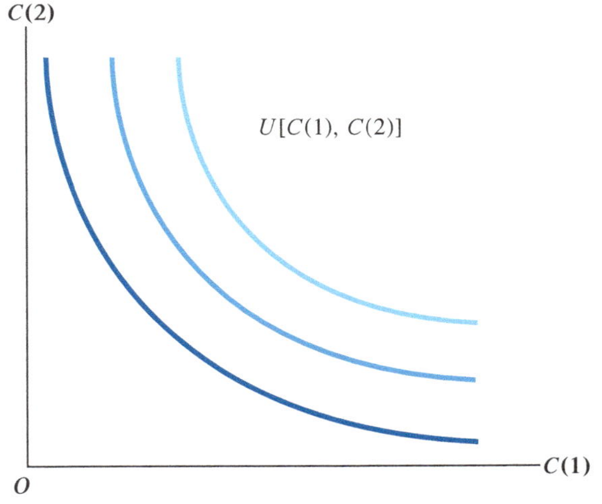

사실 모든 경제활동의 귀착점은 소비다. 예를 들어 대출이나 차입도 오늘 혹은 내일의 소비를 늘리고자 하는 것이며, 투자나 생산도 결국 소비로 귀착됨을 감안해 볼 때 $U[C(1), C(2)]$ 함수는 무리가 아니다.

여기서 $U[C(1), C(2)]$는 곡선의 형태를 갖는데 그 이유는 한계효용체감Diminishing Marginal Utility의 법칙 때문이다.

한계효용체감의 법칙

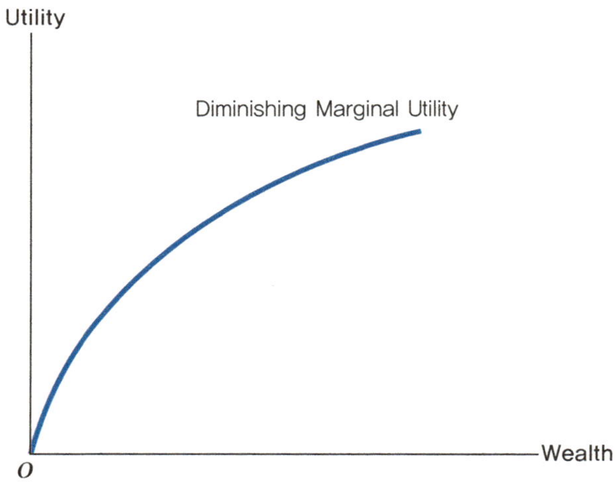

Q24. 로빈슨 크루소 경제란?

무인도에 떨어져 홀로 살아가는 로빈슨 크루소Robinson Crusoe처럼 이웃도 없고 교환도 없는No Exchange 경제를 가정해 보자. 오늘 현재 주어진 자원과 내일 소비 가능한 자원의 한계 안에서 소비 가능한 집합을 생각해 볼 수 있고 자기 나름의 최고의 효용을 창출하고자 노력할 것이다.

고립 또는 폐쇄 경제의 한계는 분명하다. 본인만의 또는 자기 사회만의 소비 가능한 집합에는 한계가 있는 것이다.

폐쇄경제의 소비 가능한 집합과 효용

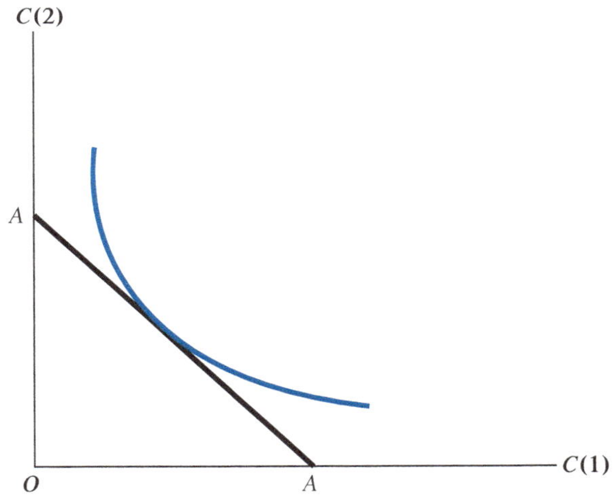

Q25. 교환경제의 이점은?

We can be better with Exchange!

오늘 여유가 있는 여분의 자원을 남에게 대출함으로써 내일 보다 많은 소비가 가능해지고 효용을 증대시킬 수 있으며, 내일 되갚을 것을 약속하고 부족한 자원을 차입하여 오늘 소비함으로써 효용의 증대가 가능하다.

돈이나 자원의 시간가치time value of money를 고려할 때 그 대가가 바로 시장금리 r이다$^{r \geq 0}$. 예를 들어 오늘의 $1은 내일의 $1(1 + r)과 등가等價이다. 따라서 폐쇄경제와 비교할 때 개방 교환경제의 경우에 소비 가능한 집합의 크기가 크며 그에 따라 효용 증대의 가능성이 커진다.

교역의 이점이나 국제무역의 이점은 바로 교환의 힘이라고 하겠다.

시간가치, 시장금리, 시장기회선

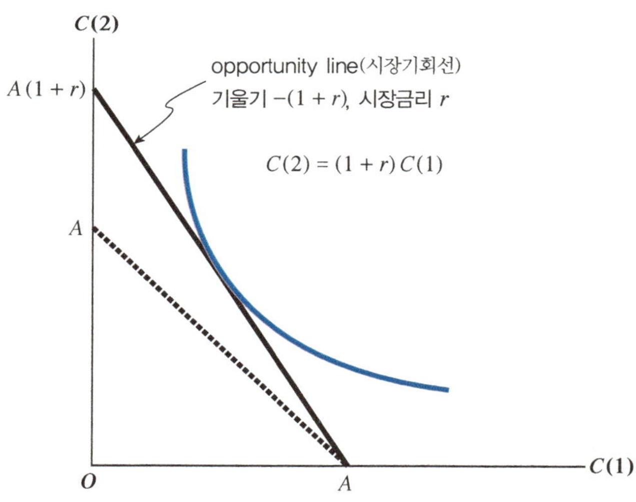

교환경제의 대출과 차입 기능을 활용한 효용 증대 효과

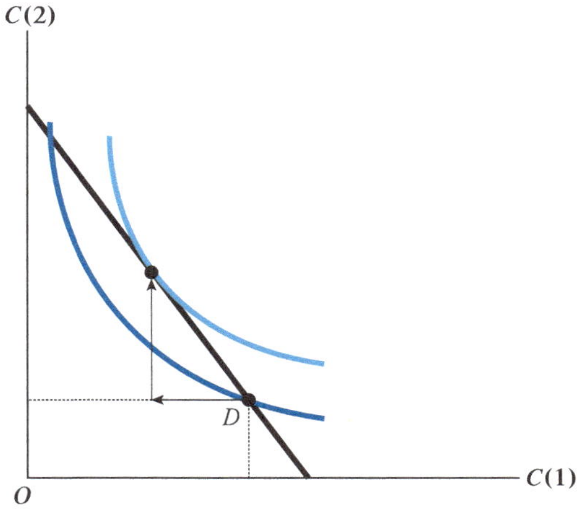

(a) Lending(대출)

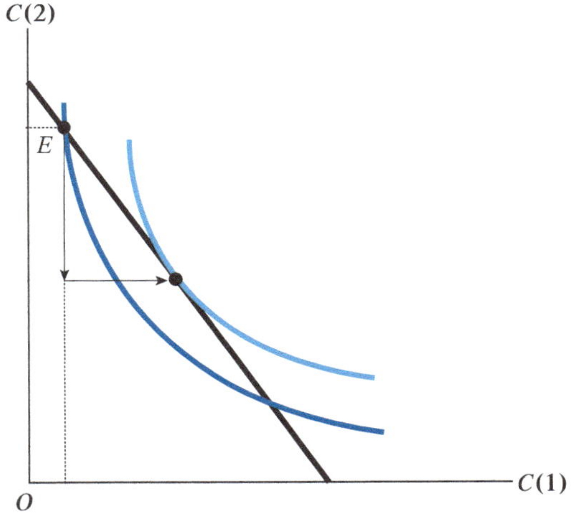

(b) Borrowing(차입)

Q26. 생산가능곡선이란?

오늘 소비 가능한 자원의 일부를 좋은 곳에 투자함으로써 내일에 소비 가능한 생산을 연출할 수 있는데 그 결과가 바로 생산가능곡선Production Possibility Frontier or Transformation Curve이다. 생산가능선은 통상 위로 볼록한 곡선의 형태를 갖게 되는데 이는 한계생산성 체감Diminishing Marginal Productivity의 원리에 따르는 것이다.

한계생산성 체감을 생각해 볼 때 무조건적인 투자 또는 무한정한 투자가 항상 좋은 것이 될 수는 없으므로 우리는 항상 투자의 경제성을 분석해야 마땅하다.

투자의 경제성 지표로는 다음이 대표적이다.

1) **순현가**Net Present Value ; *NPV* : 사업에 따른 현금 유출과 현금 유입을 적절한 할인율로 환산한 현가의 합을 말하며, 무릇 경제성이 있는 투자라면 그 값이 정正이 되어야 마땅하다. 물론 *NPV* 값이 크면 클수록다른 조건이 동일하다는 전제 하에 좋은 투자라 하겠다.
2) **투자회수기간**Payback Period : 투자에 투입한 자금을 얼마나 빨리 회수할 수 있는지를 평가하는데 다른 조건이 동일하다면 투자회수기간이 짧은 투자가 더욱 바람직하다.
3) **내부수익률**Internal Rate of Return ; *IRR* : 생산가능곡선 상의 각 점에서의 접선의 기울기가 바로 투자의 경제성을 나타내는데 이것이 곧 투자의 내부수익률*IRR*이라고 할 수 있다. 다음 그림에서 알 수 있는 것처럼 투자의 규모를 늘릴수록 *IRR* 값은 떨어지게 된다. 약발이 떨어진다고 하나? ㅎ

생산가능곡선(Transformation Curve)

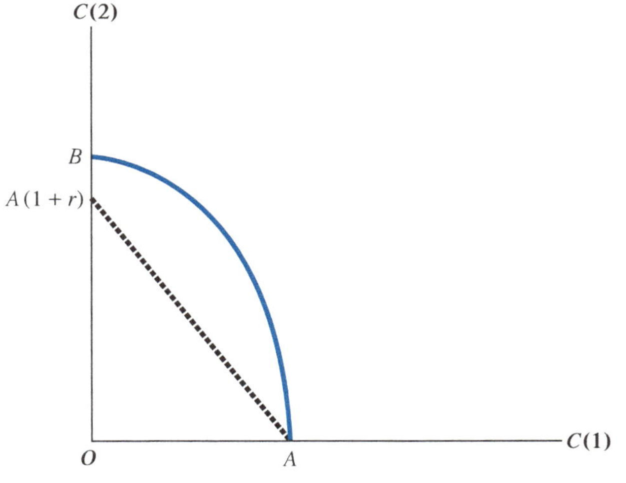

Q27. 좋은 투자의 조건은?

좋은 투자가 되기 위해선 투자의 경제성이 그 기회비용인 시장금리 수준보다 높아야 마땅하다.

즉, $IRR \geq r$

이렇다 할 노력 없이 은행에 돈을 예금만 해도 시장금리 r을 얻을 수 있는데 물질적 · 육체적 · 정신적 노고를 들여 투자한 수익률이 r보다 낮다면 그야말로 멍청한 투자가 아닐 수 없는 것이다.

여기서 *IRR*Internal Rate of Return(내부수익률)이란 어떤 투자(안)에 따른 현금흐름Cash Flows의 순현가Net Present Value를 '0'으로 만드는 할인율을 말한다.

IRR 산출의 예

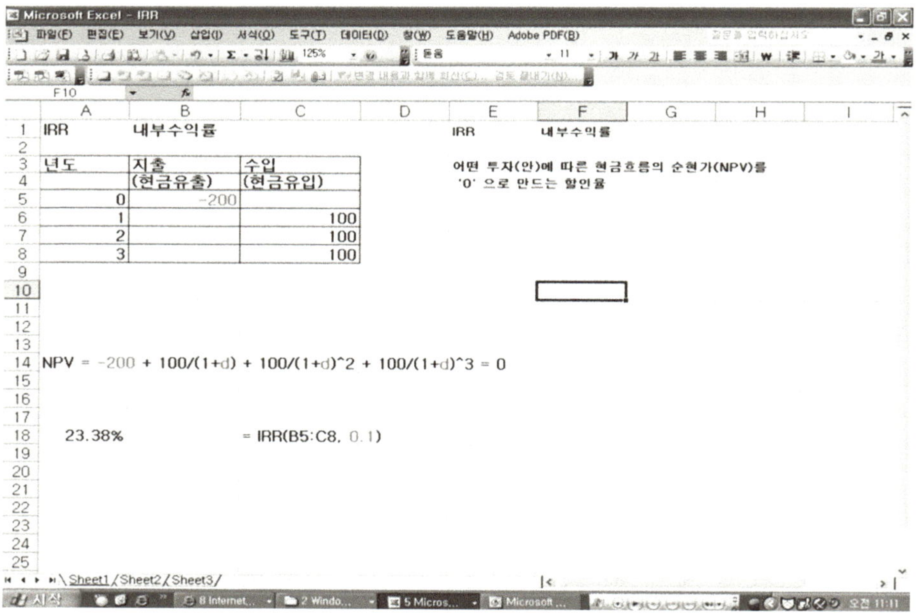

Q28. 최적의 투자규모는 어떻게 분석할 수 있나요?

투자의 경제성과 기회비용이 정확하게 일치하는 $IRR = r$ 생산가능곡선 상의 X 점 기준에 의거해 최적의 투자규모를 분석할 수 있다.

처음에 이 기업에 주어진 OA만큼의 자원에서 OD를 오늘 소비하고 AD만큼 투자함이 최적이다. AD의 투자는 DX만큼의 생산을 창출하고 이는 결국 내일 OF만큼의 소비를 가능하게 한다.

여기서 최적의 투자규모 분석 기준 또한 $IRR \geq r$이 되는 것이다.

최적의 투자규모 분석

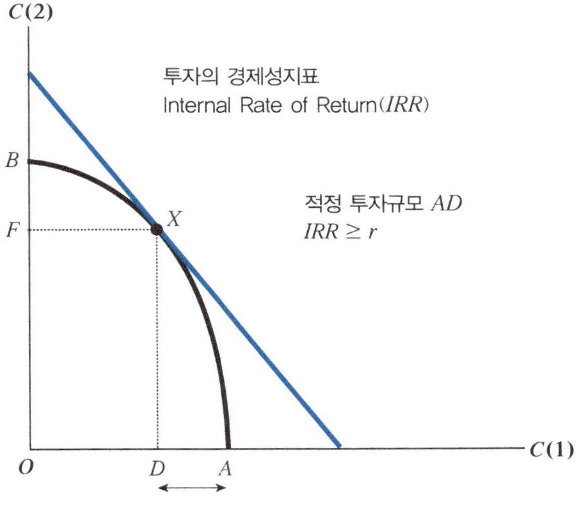

Q29. 기업의 시장가치는 어떻게 높일 수 있나요?

기업의 시장가치Market Value of Firm ; *MVF*는 오늘 현재 기업이 갖고 있는 자산의 가치인가? 기업의 순익 규모? 기업의 종업원 수일까?

Nope!

진정한 기업의 시장가치 평가를 위해서는 과거의 실적이나 현황뿐만 아니라 좋은 투자를 통한 미래의 생산성까지를 고려해야 할 것이다. 현재의 가용 자원 가치를 넘어서는 추가적인 부의 창출은 기업이 좋은 투자를 실행했을 때 비로소 가능한 것이다. 즉, 변화를 실천해야 발전이 가능하고 기업가치가 제고되는 것이다.

모든 비즈니스의 기본 목표는 기업가치의 극대화에 있다고 했다. 그렇다면 기업이 행하는 모든 활동들도 그 목표에 부합해야 할 것인데, 좋은 투자와 최적의 자본 조달을 실천하기 위해선 투자대상에 대한 제대로 된 가치 평가가 이루어져야 하고 자본비용에 대한 정확한 평가가 선행되어야 하는 것이다. 재무관리에 있어 가치 평가Valuation의 중요성은 바로 그러한 이유이다.

Tips 시가총액

시가총액이란 말 그대로 그 기업의 가치를 시장에서 결정하는 겁니다. 시장 가격 총액의 줄임말이죠. 시장에서 그 기업의 가치를 판단하는 지표로 많이 사용됩니다.

사실 주식시장에서 액면가는 그리 중요하지 않습니다. 채권의 경우 이자율과 원금이 적혀 있잖아요. 하지만 주식의 가격은 매일 변하기 때문에 쓰기 쉽지 않습니다.

시가총액은 특정 주식회사의 시장가치현재 주가 × 총 발행주식 수입니다. 동종 업계 중 시가총액이 가장 높다는 말은 동종 업계에서 그 기업의 위치가 (성장률, 점유율, 배당률, 위험 등을 고려해서) 가장 높다는 의미가 되겠습니다. 보통 동종 업계에서 가장 높은 시가총액을 가진 기업이 대장주입니다. 위에서 말씀드렸다시피 시가총액이 올라간다는 일은 좋은 일입니다. 그 기업의 시가총액이 그 업계에서 차지하는 비율을 가지고 그 업계의 점유율도 어느 정도는정확하게 하려면 산업별 제품 비중 등을 봐야 하겠지만 유추해 볼 수 있습니다. 그리고 그 기업의 시총이 오른다는 말은 투자자들이 관심이 많고 자금 유입량이 많다는 뜻이겠죠. 반대로 시총이 떨어진다는 말은 사는 사람이 적다는 뜻입니다. 뭔가 악재가 있다는 뜻이겠죠. 주식을 사고파는 데 참고해야 할 지표는 아주 많습니다. 시총만으로는 쉽게 판단하기 쉽지 않습니다만, 시총이 높을수록 우량한 기업이 많기 때문에 시총이 높은 주식으로 편성하시면 위험이 상당히 줄어들 것으로 판단됩니다.

자료 : http://kin.naver.com/qna/detail.nhn?d1id=4&dirId=40102&docId=143176468&qb=7luc6rCA7LSd7JWhIOucuw==&enc=utf8&section=kin&rank=4&search_sort=0&spq=0&pid=SGbeElpySE4ssa8nRyCsssssss0-207865&sid=SO6iB7wa%2BJK2AwWE86PTqw%3D%3D

기업의 시장가치

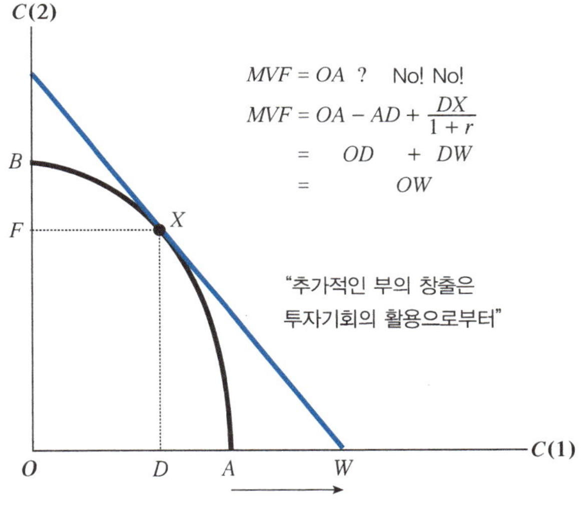

Tips 스티브 잡스 이야기

Apple 창업주 Steve Jobs는 1980년대 중반 자신이 Apple에 영입했던 John Sculley[ex Pepsi Cola CEO]로부터 회사에서 쫓겨나는 수모를 겪었다. 그러나 Steve는 다시 재기하여 Apple CEO로 화려하게 컴백하여 극적인 성공을 거두게 된다.

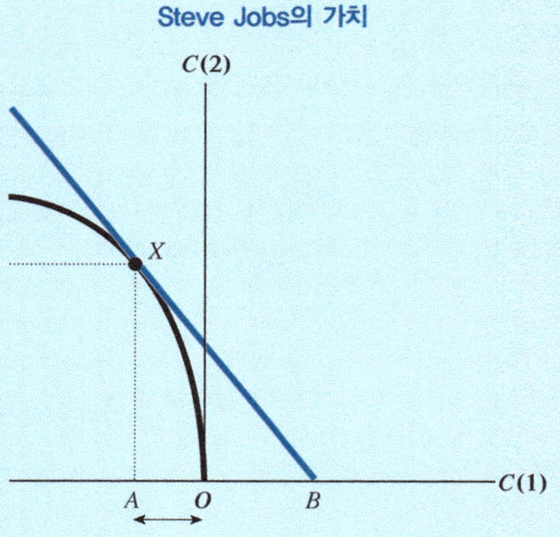

Steve Jobs가 Apple을 떠날 때 수중에 한 푼 없었다고 가정해 보자[사실은 큰돈을 받고 회사를 떠났었음]. 실제 호주머니에 한 푼도 없었으니 Steve Jobs의 시장가치는 '0'였을까? 절대 아닐 것이다. Why Not? 그는 어느 누구보다 창의성과 실행 능력을 가진 천재 사업가였기 때문이다. 그의 이런 천재성과 창의성, 또 실행 능력을 고려하여 그의 가치를 현가로 환산하면 틀림없이 정+의 가치가 나올 것이다. 그것도 큰 +값!

DHC 라이브러리

투자 아이디어 에볼루션Capital Ideas Evolution

포트폴리오 선택 이론과 자본자산가격 결정 모델CAPM, 멀티팩터 모델multifactor model, 옵션가격 결정 모델 등의 이론과 전략, 기법이 어떠한 변화를 거쳐 현재의 금융시장에 적용되었는지를 밝히고 있는 책이다. 이 책은 경제학자들의 아이디어와 전략을 자세히 소개하고, 자산운용사와 연기금 등이 이론가들의 학설을 어떻게 이용해 고수익을 좇고 리스크를 관리했는지를 보여주고 있다.

피터 L. 번스타인 지음
김남규 옮김 | 이손 | 2009년

인덱스 기법 등 상아탑의 투자이론을 금융 현장에 끌어들인 바클레이스, 금융 교과서에 등장하는 이론을 바탕으로 짠 포트폴리오 구조와 투자전략으로 원금을 유지하면서 대학 예산의 35퍼센트를 담당하며 상당한 기여를 해 고수익과 안정성이라는 두 마리 토끼를 잡은 예일대학기금 등의 사례를 소개하고 있으며, 현대 금융 지형에 결정적으로 영향을 미친 개인 · 이론 · 논쟁을 실감나게 설명하고 있다.

자료 : http://www.yes24.com/24/goods/3510677

Q30. 비즈니스의 기본 목표는 무엇인가요?

Q31. 기업의 시장가치란?

Q32. 계속기업이란?

Q33. 자본 조달이란?

Q34. $k_E \gtrless k_D$?

Q35. 자기자본가치란?

Q36. 최적의 자본구조란?

Q37. 레버리지란?

자본 조달

Finance and Accounting
ch. three

3

좋은 투자를 통해 기업가치를 높일 수 있다고 배웠다. 좋은 말이다. 나도 앞으로 좋은 말과 좋은 행동을 통해서 나의 가치를 높여야겠다고 생각한다. 이 수업 잘 들은 것 같아! ㅎㅎ 근데 투자를 하려면 자금이 필요한데, 내가 수중에 갖고 있는 돈은 뻔하고 암만 좋은 투자라도 돈이 없으면 꽝 아냐?

투자에 필요한 자금은 어떻게 조달하나? 은행엔 돈이 많이 있으니 은행에 가서 돈을 빌려달라고 하면 기꺼이 내게 빌려줄까? 아닐걸. 이렇다 할 신용이 없는 대학생에게 대뜸 투자에 필요한 큰돈을 빌려줄 정신 나간 은행은 없으리라.

투자를 하기 위해서 돈이 필요한 비즈니스에겐 두 가지 자금 조달 방법이 있단다. 우선, 은행에서 대출을 받거나 차용증서인 채권債券(Bond)을 발행해서 '남의 돈Debt' 을 빌리는 방법이 있다. 다음으로는, '자기 돈Equity' 을 쓰는 방법인데 비즈니스가 오늘 현재 수중에 갖고 있는 현금에는 한계가 있기 때문에 주식株式(Stock)과 같은 소유권 증서를 대중에게 팔아 자금을 조달하는 방법이 있다.

여기서 남의 돈을 쓰고자 할 때 발생하는 자본비용cost of capital ; c.o.c을 타인자본비용k_D이라 하고, 자기 돈을 사용할 때 발생하는 자본비용을 자기자본비용k_E이라고 한다. 문제는 k_D와 k_E 중 어느 쪽 비용이 더 클 것인가 하는 것인데 자금을 조달하는 기업의 입장에선 매우 중요한 문제가 아닐 수 없다.

사실 타인자본비용 k_D는 쉽게 파악이 된다. 은행에서 빌렸다면 대출금리가 되겠고, 채권을 발행했다고 하면 채권 상에 기재된 표면금리 k_D가 된다. 그런데 k_E는 어떨까? 자기자본비용 분석은 전혀 쉽지 않다. 주식의 경우 눈 씻고 찾아봐도 주식을 산 주주에게 약속한 이자는 없다. 그렇다고 만기에 투자금을 돌려준다는 약속도 없으니 주식 투자는 말 그대로 도박이나 다름없다. 그렇다면 주식을 발행하여 자본을 조달하는 기업의 입장에서 자기자본비용 k_E는 0인가?

Nope!

주식을 통한 자본 조달의 경우 k_E 안에는 다음의 비용들이 포함된단다.

- 객관적으로 봤을 때 자격이 있는 주식들만이 시장에 상장上場되어 거래되는 거겠지?

  Yes!

- 우리 회사가 주식을 발행하여 시장에 상장하기만 하면 투자자들이 기꺼이 사줄까?

  Maybe Not!

- 일단 발행하고 나서 지속적으로 주식의 가격인 주가를 유지하기 위해서 관리를 잘 해야겠지?

  Yes!

- 한 번 시장에 올랐다고 해서 계속 시장에 남을 수 있는 건가?

  Nope!

위와 같은 요인들을 고려해 볼 때 자기자본비용이 타인자본비용보다 높다는 사실을 짐작할 수 있다. 즉, $k_E > k_D$가 된다. 그렇다면 자본비용을 최소화하여 기업가치를 높이려는 기업의 입장에선 무조건 자본비용이 낮은 타인자본으로만 자금을 조달하면 되는 것 아닌가?

Q30. 비즈니스의 기본 목표는 무엇인가요?

통상 비즈니스의 기본 목표는 단기적으로 이익 극대화Profit Maximization, 장기적으로 기업가치 극대화Value Maximization로 가정한다.

그렇다면 기업의 모든 활동, 즉 생산, 마케팅, 인사관리, 조직관리, 재무, 회계, MIS, 리스크 관리, 물류관리, 국제경영 등은 비즈니스의 기본 목표인 기업가치 극대화에 부응해야 마땅하다.

우리가 지금 공부하고 있는 재무 및 회계 활동들도 비즈니스의 기본 목표인 기업가치 극대화에 부응해야 한다.

비즈니스의 기본 목표

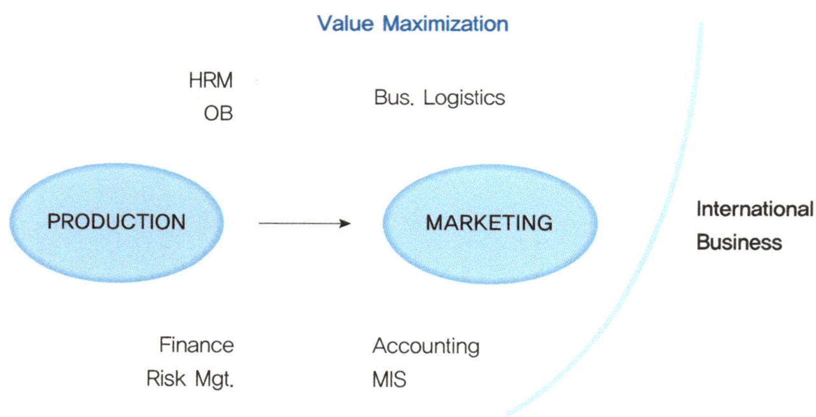

Q31. 기업의 시장가치란?

기업의 시장가치[MVF]는 계속기업이 좋은 투자를 통해 창출한 미래 현금흐름의 현재 값[현가]으로 정의된다.

따라서 좋은 투자를 많이 하면 할수록, 현금흐름이 높으면 높을수록, 또 투자에 필요한 자본 조달 비용을 줄이면 줄일수록 기업가치는 올라간다.

$$MVF = MVD + MVE$$

여기서 MVF = 기업가치
MVD = 타인자본가치
MVE = 자기자본가치

이제 기업가치의 분배에 대해 생각해 보자. 기업가치에 대해 누가 재산권을 주장할 수 있을까? 우선 기업에 돈을 빌려주었던 채권자들에게 돈을 갚아야 마땅하다. 즉, 채무 변제가 항상 우선되어야 한다. 그리고 나서 남은 돈, 즉 잔존가치가 주인[주식회사의 경우는 주주]의 몫이 된다. 경우에 따라서는 채무 변제 후 잔존가치가 '0'일 수도 있다.

자본 조달 → 투자 → 기업가치

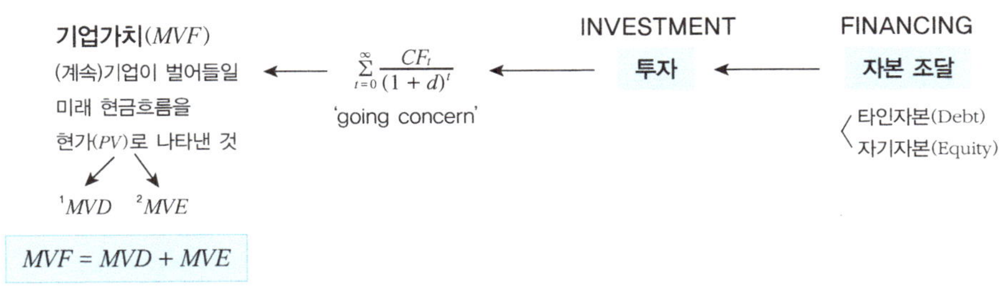

Q32. 계속기업이란?

계속기업Going Concern이란 투자원금의 회수로 청산하는 1회적 사업과는 달리 기업 본래의 목적을 달성하기 위해 계속적인 재투자 과정 속에서 구매 · 생산 · 영업 등 기본 활동을 수행해 나가는 기업을 말한다. 즉, 일시적으로 존속하는 것이 아니라 계속해서 존재하는 생명을 가진 조직체로 보는 것이다.

기업가치↑ ← 투자 with ROR↑ ← 자본 조달 with coc↓

$$MVF = \sum_{t=0}^{\infty} \frac{CF_t}{(1+d)^t}$$

Tips 지속 가능 성장Sustainable Growth

1972년 '로마클럽'의 제1차 보고서인 '성장의 한계'에서 환경과 개발에 관한 강한 우려를 표명하면서, '지속 가능한 발전sustainable development'이란 용어를 사용한다. 그 후 1980년 국제자연보호연합IUCN · 국제연합환경계획UNEP · 세계자연보호기금WWF에 의해 '세계환경보전전략'이 공동으로 작성되었는데, 여기서 생태계, 생명계의 유지, 생물종의 다양성 보전, 자원의 지속적 이용의 확보가 거론되었다.

이 개념이 공식화된 것은 '환경과 개발에 관한 세계위원회WCED'가 1987년에 발표한 '우리의 미래Our Common Future'라는 보고서에 의해서다. 이 보고서는 '미래 세대가 그들의 필요를 충족시킬 수 있는 가능성을 손상시키지 않는 범위 내에서 현재 세대의 필요를 충족시키는 개발'이라고 정의함으로써 '환경적으로 건전하고 지속 가능한 개발environmentally sound and sustainable development ; ESSD'의 개념을 확립한다. 또한, 좁게는 경제의 지속가능성이지만, 국제연합환경개발회의UNCED가 밝힌 개념은 경제뿐만 아니라 자연자원을 포함한 생태계 전체가 지속 가능할 것을 요구하였다.

자료 : NAVER 백과사전

Q33. 자본 조달이란?

자본 조달Financing이란 좋은 투자에 쓰일 자금의 조달을 의미한다.

자본의 원천source of money은 다음의 두 가지이다.

1) 내 돈, 즉 자기자본 Equity @ k_E 예) 주식 발행

2) 남의 돈, 즉 타인자본 Debt @ k_D 예) 채권 발행, 차입

자기자본비용 vs 타인자본비용

$$k_E > k_D$$

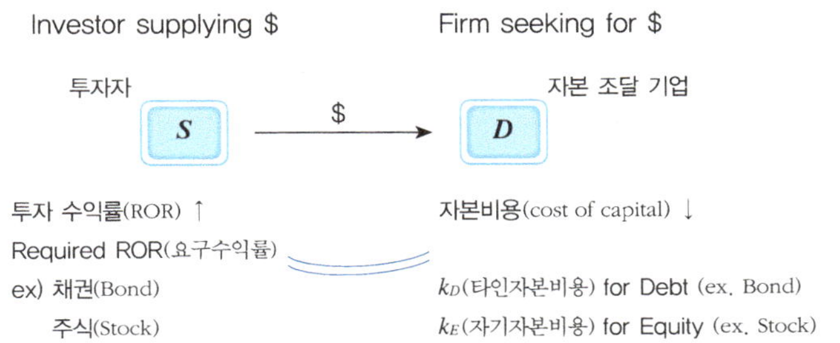

Q34. $k_E \gtrless k_D$?

타인자본비용 k_D는 쉽게 파악된다. 은행에서 돈을 빌렸다면 타인자본비용 k_D는 대출금리가 되겠고, 채권을 발행했다고 하면 채권 상에 기재된 표면금리가 k_D가 된다.

자기자본비용 k_E의 분석은 전혀 쉽지 않은데 자기자본비용에는 다음과 같은 요인들이 반영된다. 주식회사의 경우

- 상장上場비용
- 주가 유지 비용 예) 주식 소각
- 상장 유지 비용

등

이상의 요인들을 고려해 볼 때 자기자본비용이 타인자본비용보다 높다는 사실을 짐작할 수 있다. 즉, $k_E > k_D$가 된다.

Tips CAPM을 활용한 자기자본비용 k_E 추정

CAPM에 따르면 균형 하에서 주식의 기대수익률은 체계적 위험 베타와 선형적 관계를 갖는다. 이에 따라 CAPM에 의해 결정되는 기대수익률은 자본시장에서 투자자들이 요구하는 최소의 기대수익률을 의미하므로 자기자본비용과 동일한 의미를 갖는다고 해석할 수 있다. 다시 말해서 CAPM으로 구한 기대수익률은 보통주를 발행하여 조달한 자본의 기회비용으로서 증권시장선을 이용하여 추정 가능하다.

$$E(R_i) = R_F + \beta_i[E(R_M) - R_F]$$

Q35. 자기자본가치란?

자기자본가치Market Value of Equity ; *MVE*는 기업가치 총액에서 타인자본가치를 제한 나머지 잔존가치residual value이다.

$$MVE = \frac{E_1}{(1+k_E)} + \frac{E_2}{(1+k_E)^2} + \frac{E_3}{(1+k_E)^3} + \cdots\cdots (\infty)$$

$\overline{E}$를 가정할 때, 즉 주인의 몫이 매년 일정하다고 가정하면,

$$MVE = \sum_{t=1}^{\infty} \frac{\overline{E}}{(1+k_E)^t} = \frac{\overline{E}}{k_E}$$

Tips 무한등비급수

$$S = 1 + x + x^2 + x^3 + \cdots \infty$$

$$= \frac{1}{(1-x)} \qquad \text{when } 0 < x < 1$$

Why?

$$
\begin{array}{rl}
 & S = 1 + x + x^2 + x^3 + \cdots \infty \\
- & xS = x + x^2 + x^3 + \cdots \infty \\
\hline
 & (1-x)S = 1 \\
 & \therefore S = \dfrac{1}{(1-x)}
\end{array}
$$

Thanks! Gauss.

Q36. 최적의 자본구조란?

투자에 필요한 자금을 조달해야 하는 기업의 입장에서 가장 중요한 질문은 바로 '자기자본과 타인자본을 어떤 비중으로 조합하느냐? How to mix Debt and Equity?' 이다.

100% Debt? because $k_E > k_D$

Nope!

Why Not?

이론적으로는 $k_E > k_D$이므로 100% 타인자본으로 필요한 자금을 조달함이 마땅하겠지만, 현실적으로 과다한 부채는 지급 불능 상황을 연출하여 재정적 곤란을 가져올 수 있고 상황이 악화되면 파산까지도 가능하므로 적정한 수준의 타인자본 활용이 필요하다.

총 자본비용을 최소화하면서 기업가치를 최대화하는 최적의 자본구조optimal capital structure는 존재하는가?

Probably Yes …

그러나 Miller-Modigliani Theorem 1958 says No!

가중평균자본비용Weighted Average Cost of Capital ; *WACC*은 자기자본과 타인자본의 비중에 따라 가중 평균한 총 자본비용이다.

$$WACC = w_E k_E + w_D k_D$$

최적 자본구조

자본구조와 자본비율

1. "Debt is cheaper than Equity." *i.e.* $k_D < k_E$
2. "Either Cost of Equity(k_E) or Cost of Debt(k_D) increases as the Leverage(D/E) goes up."

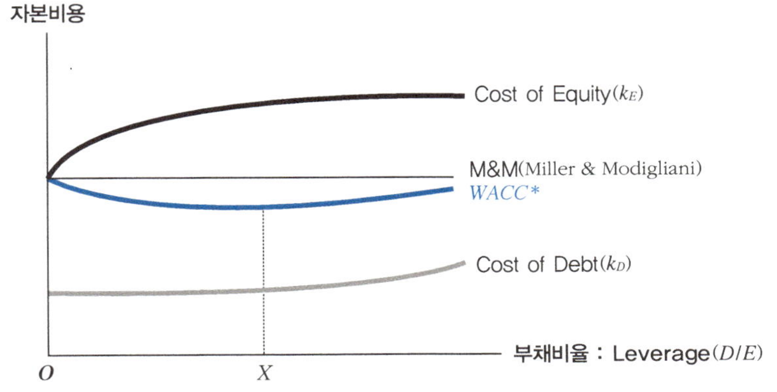

* $WACC$(Weighted Average Cost of Capital) = $w_E k_E + w_D k_D$

위 그림에서 자기자본비용과 타인자본비용을 가중 평균한 *WACC*의 궤적에 대해 많은 논란이 있다.

*WACC*의 궤적이 (아무리 깊이가 얕더라도) 아래로 볼록한 포물선의 형태를 가진다면 기술적으로 극소점을 찾을 수 있을 것이고, 극소점에 부합하는 부채비율 *X*가 최적의 자본구조를 의미하는 최적 부채비율이 될 것이다. 따라서 *X*점이 의미하는 구성으로 자기자본과 타인자본을 결합했을 때 자본비용을 최소화할 수 있고 기업가치를 제고할 수 있는 것이다.

그런데 만약 *WACC*의 궤적이 평행선이라면? Miller-Modigliani Theorem(1958)

Q37. 레버리지란?

레버리지Leverage의 원래 뜻은 지렛대로, 지렛대를 이용하면 약간의 힘으로도 큰 물건을 들어올릴 수 있는 지렛대 효과가 있다.

재무에서 말하는 레버리지financial leverage는 부채debt 활용을 의미하는데, 지렛대 효과처럼 일부의 부채를 효과적으로 활용하면 기업가치를 제고할 수 있다. 그러나 스스로 감당하지 못할 과다한 부채는 개인이나 기업을 망하게 할 수도 있다는 점을 명심해야 한다.

예) 대한민국 외환위기, 카드 사태, 미국 부동산 금융위기

재무 레버리지

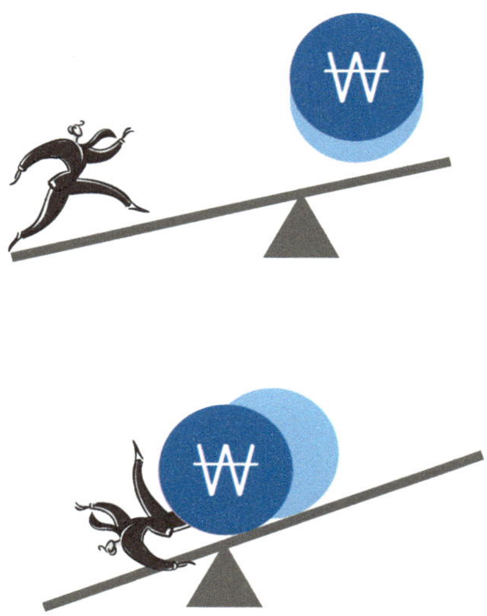

〈CASE〉 재투자 현금흐름 분석[1]

KU did have constant annual earnings of $2MM.

It initially had $2MM of Debt at 10% of cost of debt (k_D) and 500,000 shares of equity (i.e. stocks).

Assumed the cost of equity (k_E) at 15%.

Now, it suffers a loss of a plant by fire, costing $2MM, and this loss results in reduced earnings down to $1MM(from the pre-loss level of $2MM).

The loss also affects the cost of equity, rising to 17%.

Q.1 Should reinvestment, in order to restore pre-loss level of earnings of $2MM, be undertaken?

Q.2 If YES to the above reinvestment after loss, what type of financing between Equity and Debt should be secured?

1. *Corporate Risk Management*(Neil Doherty, McGraw-Hill, 1985) 참조.

Cash Flow 분석의 예

	Before Loss	After Loss without Reinvestment
EARNING (E_N)	$ 2MM	$ 2MM
LOSS OF EARNINGS	–	$ 1MM
EARNINGS BEFORE INTEREST&TAX (*EBIT*)	$ 2MM	$ 1MM
INTEREST PAYMENT	$ 200M	$ 200M
TAX PAYMENT	–	–
EARNINGS AVAILABLE FOR DISTRIBUTION (E)	$ 1.8MM	$ 0.8MM
NUMBER OF SHARES (m)	500M	500M
EARNINGS PER SHARE ($EPS = E/m$)	$ 3.6	$ 1.6
COST OF EQUITY (k_E)	0.15	0.17
PRICE PER SHARE (EPS/k_E)	$ 24	$ 9.41
MARKET VALUE OF EQUITY ($MVE = E/k_E$)	$1.8MM / 0.15 = $12MM	$0.8MM / 0.17 = $4.71MM
MARKET VALUE OF FIRM ($MVF = MVE + MVD$)	$12MM + $2MM = $14MM	$4.71MM + $2MM = $6.71MM
WEIGHTED AVERAGE COST OF CAPITAL ($WACC = w_E k_E + w_D k_D$)	(12/14)(0.15) + (2/14)(0.10) = 0.1429	(4.71/6.71)(0.17) + (2/6.71)(0.10) = 0.1491

Reinvestment Financing($2MM)

	Debt Financing ($ 2MM @12%)	Equity Financing (100M shares @$20)
EARNING (E_N)	$ 2MM	$ 2MM
LOSS OF EARNINGS	$ 1MM	$ 1MM
EARNINGS BEFORE INTEREST&TAX (*EBIT*)	$ 2MM	$ 2MM
INTEREST PAYMENT	$200M + $240M = $440M	$ 200M
TAX PAYMENT	–	–
EARNINGS AVAILABLE FOR DISTRIBUTION (E)	$ 1.56MM	$ 1.8MM
NUMBER OF SHARES (m)	500M	500M + 100M(?) = 600M
EARNINGS PER SHARE ($EPS = E/m$)	$ 3.12	$ 3
COST OF EQUITY (k_E)	0.17	0.15(?)
PRICE PER SHARE (EPS/k_E)	$ 18.3	$ 20
MARKET VALUE OF EQUITY ($MVE = E/k_E$)	$1.56MM / 0.17 = $9.18MM	$1.8MM / 0.15 = $12MM
MARKET VALUE OF FIRM ($MVF = MVE + MVD$)	$9.18MM + $4MM = $13.18MM	$12MM + $2MM = $14MM
WEIGHTED AVERAGE COST OF CAPITAL ($WACC = w_E k_E + w_D k_D$)	(9.18/13.18)(0.17) + (2/13.18)(0.10) + (2/13.18)(0.12) = 0.1518	(12/14)(0.15) + (2/14)(0.10) = 0.1429

라이어스 포커 Liar's Poker

1980년대 월가 최고의 채권하우스 '살로먼 브라더스'를 배경으로 펼쳐지는 금융천재들의 치열한 머니게임!

마이클 루이스 지음 | 정명수 옮김
위즈덤하우스 | 2006년

지난 1980년대 미국 월가 최고의 채권 전문 투자은행이었던 살로먼 브라더스. 미국 야구단 오클랜드 어슬레틱스의 성공스토리를 담은 『머니볼』의 저자로 우리에게 잘 알려진 마이클 루이스가 자신이 살로먼 브라더스에서 일했던 경험을 토대로, 숨 막히는 트레이딩의 세계를 '라이어스 포커'에 비유하며 박진감 넘치게 이야기를 펼쳐나간다.

'라이어스 포커'란 일종의 카드게임이다. 내 패를 숨기고 상대의 패를 읽으면서 태연하게 거짓말을 해야 승자가 되는 이 방식은 투자은행의 트레이더들이 투자할 때도 적용된다. 저자는 시류를 잘 타서 돈을 쓸어담은 한 회사의 정글같은 기업문화, 그 속에 숨겨진 이면, 성공과 실패를 생생하게 보여준다.

특히 투자은행 내에서 트레이딩과 세일즈의 공생과 대립, 새로운 시장 개척, 천문학적 액수의 보너스를 둘러싼 경쟁 등 일반인들이 접하기 힘든 트레이딩룸의 세계를 낱낱이 파헤친다.

자료 : http://www.kyobobook.co.kr/product/detailViewKor.laf?ejkGb=KOR&mallGb=KOR&orderClick=JAa&barcode=9788989313908

Finance and Accounting
part two

회계

Chapter 4 회계 기초와 부기

Chapter 5 재무제표

Chapter 6 재무분석

Q38. 회계란?

Q39. 대차貸借대조표Balance Sheet란?

Q40. 수익&비용 vs. 수입收入&지출支出?

Q41. 부기簿記(Book Keeping)란?

Q42. 유동성流動性(Liquidity)이란?

Q43. 감가상각Depreciation이란?

Q44. 손익損益의 구분은?

회계 기초와 부기

Finance and Accounting
ch. four

4

오메~ 드디어 회계 강의가 시작됐다. 나의 아킬레스건! 그런데 복잡하고 다들 어려워하는 회계는 왜 필요한 걸까?

회계는 돈의 흐름을 관리하는 것이라는데 … 맞아! 나 같은 학생의 경우만 해도 평소 관리에 소홀하면 공부도 제대로 안 되고 생활도 뒤죽박죽이 되는데 큰 회사의 경우는 얘기할 것도 없겠지.

사업을 하면서 돈이 어디서 들어왔는지 또 그 돈이 어디에 어떻게 쓰였는지를 정리하지 않으면 큰 낭패를 보리라는 것은 불 보듯 뻔한 일이지. 그런데 간혹 신문을 보면 특정 회사 이름으로 숫자를 잔뜩 늘어놓은 표들을 발표하던데 … 그것들은 뭐지? 그런 일은 왜 하는 걸까?

최근에 덕선이 부모님께서 청과물 도매상을 시작하시고 많은 거래들에 따른 돈의 흐름을 그때그때 장부에 정리하시느라 고생하신다고 들었는데 이참에 회계 공부를 열심히 해서 도와드리면 점수를 딸 수 있겠지. ㅎ

모든 상거래의 돈의 흐름을 장부에 체계적으로 정리하는 것을 부기簿記(book-keeping)라고 한다는데 그중에서도 복식부기double-entry book-keeping가 대표적이란다. 복식부기는 특정 거래에 따른 돈의 흐름에 있어 돈의 원천source of money을 대변貸邊에, 돈의 사용use of money을 차변借邊에 기록하여 정리하는 부기 방식이라는데, 무슨 소린지 …

요새 경제가 어려워 구조조정을 한다고 야단들인데 우리 아빠 회사는 어떤지 모르겠네 … 난 졸업이나 제대로 할 수 있을라나? 도대체 잘나가는 회사는 어떤 회사고, 부실한 회사들은 뭐가 잘못된 걸까? 나는 객관적으로 보았을 때 괜찮은 사람인가? 또 내가 다니고 있는 학교가 좋은 대학이라고들 하는데 소위 대학평가의 기준은 뭘까?

의문이 끝도 없는데 아무튼 회계 기초부터 차근차근 공부해 봐야지.

Q38. 회계란?

회계會計(Accounting)란 돈의 흐름을 체계적으로 관리하는 것을 말한다. 돈의 흐름을 체계적으로 관리하지 못하면 개인이나 가정이나 기업이나 여하한 조직도 큰 재정적인 혼란을 겪게 되기 십상이다. 예를 들어 모 회사의 경우 일정 기간 중 수입으로 얼마가 들어오는지 지출로 얼마가 나가는지를 파악하지 못하고 있다고 가정해 보라. 제대로 된 예산을 세울 수도 없고 비용 처리도 못하면서 기업 경영 자체가 불가능해질 것이다.

회계의 필요성은 구체적으로 다음과 같다.

- 외부 투자자들을 위한 재무회계Financial Accounting
- 세금 처리를 위한 세무회계Tax Accounting
- 원활한 기업 경영을 위한 관리회계Managerial Accounting

Q39. 대차貸借대조표Balance Sheet란?

차변借邊	대변貸邊
Use of $ “돈을 어디에 썼니?”	Source of $ “돈이 어디서 났니?”
■ 자산Assets	■ 부채Debt ■ 자본Equity
■ 비용	■ 수익

대차대조표(재무상태표)

(200×. 12. 31 현재)

자산(Assets)	**부채**(Debt) @ k_D *타인자본비용*
Q. “돈을 어디에 썼니?”	Q. “돈이 어디서 났니?” ‘남의 돈’
	자본(Equity) @ k_E *자기자본비용*
	‘자기 돈’

Q40. 수익&비용 vs. 수입收入&지출支出?

수익과 비용은 손익계산서에 쓰이는 용어들이고, 수입과 지출은 현금흐름표에 쓰이는 용어들이다. 얼핏 보기엔 비슷하지만 전혀 같은 단어들이 아니다.

수익과 비용은 실제로 돈이 들어오고 나가지 않아도 거래가 발생하는 시점과 기간에서 사용된다. 손익계산서를 발생주의 원칙에 의해서 작성하는 이유가 바로 이것이다.

반면, 수입과 지출은 실제로 돈이 들어오고 나가는 시점에서 사용된다고 볼 수 있다. 현금흐름표를 현금주의 원칙에 의해서 작성하는 이유가 바로 이것이다.

예) 오늘 100만원짜리 노트북을 5년 사용할 목적내용연수으로 구입한다면 오늘 현재의 지출은 100만원이 되지만 비용은 5년에 걸쳐 1년에 20만원씩이 된다.

예) 만약 어느 회사에서 물건 100만원어치를 오늘 외상으로 팔았다면 오늘의 수익은 100만원이지만 수입은 0원이 된다. (실제로는 돈을 받지 못했으므로)

Tips 수지收支 맞다

'수지'는 '수입과 지출'의 준말로 '수지가 맞다'는 원래 수입과 지출이 잘 맞아떨어진다는 뜻인데 후에 이익이 남는다는 의미로 변한 것이다.

수지Susie가 맞았다는 뜻이라고 주장하는 친구들이 있는데 … 할 말이 없다. ㅠ

Tips 현금주의 vs 발생주의

현금주의cash basis는 현금이 실제 오간 시점을 기준으로 회계에 반영하는 방식을 뜻한다. 회수기준 또는 지급기준이라고도 하며 발생주의와 대비되는 말이다. 반면 발생주의는 거래가 발생한 시점을 기준으로 한다. 예를 들어 보유 유가증권 가격이 하락했을 때 현금주의에서는 실제 매매가 이뤄져 현금이 오갔을 때 회계처리를 한다. 반면 발생주의는 현금 출납이 없더라도 가격 상승이나 하락분을 순자산 변동으로 처리해 회계에 반영한다.

발생주의accrual basis는 현금의 수수와는 관계없이 수익은 실현되었을 때고, 비용은 발생되었을 때 인식되는 개념이다. 기업의 기간손익期間損益을 계산함에 있어서 수익과 비용을 대응시켜야 하고 이에 따라 수익과 비용을 경제가치량의 증가 또는 감소의 사실이 발생한 때를 기준으로 하여 인식하는 것을 말한다. 따라서 현금의 투자와 관계없이 수익의 경제적 사실이 발생한 때에 이에 관련된 가치의 회생이 발생된 사실에 입각하여 손익계산을 행하는 방법을 말한다. 수익收益이란 경영활동의 결과에 따라 창출된 재화나 용역을 뜻하므로 생산적 급부의 완성에 의하여 수익의 발생이 인식되어야 하며, 비용費用은 생산활동을 위하여 직·간접으로 감소 또는 희생된 경제적 가치를 뜻하므로 재화의 사용 또는 소비에 의하여 비용의 발생이 인식되어야 한다.

복식부기에서는 기업의 모든 거래를 차변과 대변이라는 좌 · 우 양변으로 분해하여 발란스balance를 이루도록 한다. 예를 들어 기업이 비품을 현금 100원을 주고 구입하였다고 하자. 그 거래를 통하여 기업에게는 비품이라는 자산의 증가가 발생함과 동시에 현금이라는 자산의 감소가 발생하였고, 특히 이 거래로 인한 자산의 증가와 자산의 감소 금액은 100원으로 정확히 일치한다. 이때 자산의 증가는 차변왼편에 자산의 감소는 대변오른편에 기입하여 발란스를 맞춘다. 이처럼 대차쌍방의 계정과 금액을 결정하는 일을 분개分介라 한다.[1]

(차변) 비품 100 (대변) 현금 100

물론 비품을 반드시 현금을 지급하고 구입해야만 하는 것은 아니다. 때로는 외상으로 구입할 수도 있다. 이 경우에는 기업의 자산 증가가 이루어진 만큼 미지급금이라는 기업의 부채가 증가하게 된다. 이때 자산의 증가에 대비되는 부채의 증가는 대변에 기록한다.

(차변) 비품 100 (대변) 미지급금 100

그리고 외상을 갚기로 약속한 기일이 도달하여 현금을 지불하고 외상을 갚은 경우, 미지급금이라는 부채와 현금이라는 자산이 감소한다. 이 경우에는 부채의 감소는 차변에, 자산의 감소는 대변에 기록한다.

(차변) 미지급금 100 (대변) 현금 100

이상과 같이 기업은 개별적인 거래가 발생할 때마다 거래 개요와 함께 대차의

1. 『재무제표분석』(한국금융연수원, 2004) 내용 일부 참조.

발란스를 발생의 순서대로 기록한다. 이러한 분개가 기록된 장부를 분개장General Journal이라 부르며, 기업의 가장 기본적이고도 필수적인 장부로서 앞으로 설명할 총계정원장과 더불어 기업의 회계기록상 주요 장부의 하나이다.

복식부기에서 장부에 기록되는 자산과 부채, 손익의 증감에 따른 기장 방식을 정리하면 다음과 같다.

대차의 기본 구조

차변	대변
자산의 증가	자산의 감소
부채의 감소	부채의 증가
자본의 감소	자본의 증가
비용	수익

분개장은 다음에 예시한 대로 기업의 모든 거래를 발생 순서에 따라 기록하는 장부로, 기업 회계 기록의 출발점이기도 하다. 분개장은 기업의 거래가 발생 순서대로 기입되어 있는 장부이므로, 동일한 계정과목과 관련된 거래라 할지라도 거래의 빈도수가 높으면 높은 만큼 반복해서 기재되기 마련이다. 따라서 분개장의 거래는 계정과목별로 집계될 필요가 있다. 분개장의 내용을 계정과목별로 정리한 장부를 총계정원장General Ledger이라 한다.

기업에 따라 빈도의 차이는 있으나 모든 기업은 최소한 1년에 한 번은 결산을 실시한다. 뿐만 아니라 기업에 따라서는 매월 결산을 실시하여 월별 재무제표를 작성하기도 한다. 이를 위해서는 우선 분개장이나 총계정원장으로부터 계정과목별 집계를 실시해야 한다.

소위 시산표가 작성되면 이로부터 재무제표를 작성한다. 이때 재무제표는 진정한 기간 수익과 비용이 반영되도록 작성되어야 한다. 따라서 발생주의 회계원칙에 입각한 수정 분개 및 조정 작업을 수행하게 되는데 이러한 조정 작업이 끝난

분개장

날짜	계정과목 및 적요	차변	대변	번호
2004-05-01	사무용 비품	600 (자산 +)		21
2004-05-01	미지급금		600 (부채 +)	32
	캐논 복사기 1대 외상 구입			
2004-05-03	임차료	250 (비용 +)		73
2004-05-03	현금		250 (현금 -)	11
	4월분 사무실 임차료 지급			
2004-05-08	매출채권	1,860 (자산 +)		12
2004-05-08	매출		1,860 (수익 +)	61
	모델110 2대 외상 매출			
2004-05-10	통신비	12 (비용 +)		72
2004-05-10	현금		12 (현금 -)	11
	4월분 전화요금 지급			
2004-05-11	급료	850 (비용 +)		71
2004-05-11	현금		850 (현금 -)	11
	직원 봉급 지급			
2004-05-12	현금	1,200 (현금 +)		11
2004-05-12	매출채권		1,200 (자산 -)	12
	외상대금 일부 회수			

후 전 계정과목을 손익계산서와 재무상태표의 계정과목별로 정리하면 재무제표를 얻게 되는 것이다.

Q41. 부기簿記(Book Keeping)란?

부기는 경영활동에 따른 모든 거래의 돈의 흐름을 체계적으로 정리하여 장부에 기록하는 것을 말한다.

복식부기double-entry book-keeping는 특정 거래에 따른 돈의 흐름에 있어 돈의 원천source of money을 대변貸邊에, 돈의 사용use of money을 차변借邊에 기록하여 정리하는 부기 방식이다.

차변 debit(dr)	**대변 credit**(cr)
자산 +	자산 −
부채 −	부채 +
자본 −	자본 +
비용 +	수익 +

복식부기에 따른 재무상태표, 손익계산서 도출

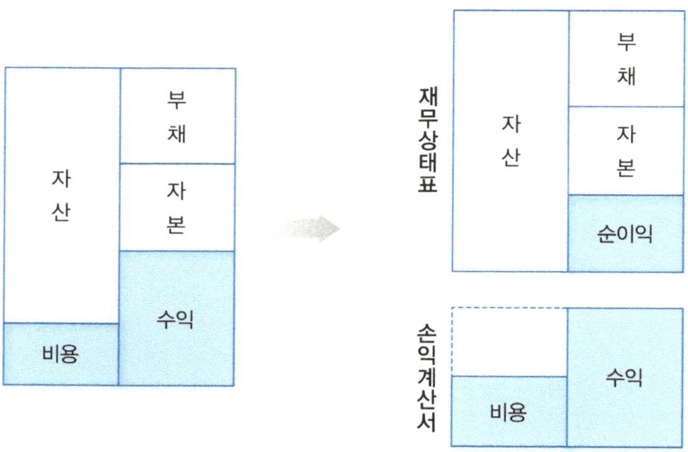

Q42. 유동성流動性(Liquidity) 이란?

둥글게, 모나게, 높게, 낮게, 그리고 식수로부터 수력에너지, 때로는 홍수의 가공할 위력에 이르기까지 백태를 연출할 수 있는 물의 성질을 일러 유동성이라 한다.[2]

현금 역시 기업의 영업에 대단한 위력을 지니는가 하면 변화무쌍한 면으로는 물과 같기 때문에 유동성으로 표현한다. 정확하게는 현금화 속도 또는 현금화 정도다.

유동성에 따라 기업의 자산이나 부채를 차례로 배열하는데, 이른바 유동성 배열법이다. 자산은 환금성이 강한 것, 부채는 지급 의무가 급한 순으로 배열한다.

Tips Liquidity

'유동성', 'Liquidity'는 말 그대로 액체, 물을 의미하는데 경제학에서 매우 중요한 개념 중 하나이다. 강에 물이 충분히 넘쳐 흐르는 것처럼 사는 사람과 파는 사람이 충분히 많은 경쟁적 시장competitive market의 경쟁 정도를 뜻하기도 하고, 유동성 자체가 '돈'을 의미하므로 한 경제의 화폐량을 뜻하기도 한다.

2. 『하루 만에 정복하는 재무제표』(정헌석, 김영사, 1995) 참조.

Q43. 감가상각Depreciation이란?

건물, 건설 중인 건설가계정, 구축물, 기계장치나 차량 운반구, 비품, 그리고 토지 등과 같이 형태가 있고 장기간 보유하는 자산을 유형고정자산이라고 한다.

토지를 제외한 자산은 그 사용 또는 노후화로 경제가치가 점차 감소하게 마련이다. 이를 감가減價라 한다. 감가는 고정자산을 영업에 이용한 데 따른 희생이므로 이만큼 감가상각비란 비용을 올림과 동시에 감가상각충당금이란 평가계정을 두어 고정자산을 간접적으로 공제하는 처리를 한다.

Tips 감가상각 방법

1) 정액법 : 자산의 내용연수 동안 일정액의 감가상각액을 인식

"금액을 똑같이 나눔"

예) 기계장치 취득원가 1,300,000원, 잔존가치 100,000원, 추정내용연수 3년 가정하고 각 해의 감가상각비는?

1년도 (1,300,000 − 100,000)/3 = 400,000

감가상각비 400,000 감가상각누계액 400,000

2년도 (1,300,000 − 100,000)/3 = 400,000

감가상각비 400,000 감가상각누계액 800,000

3년도 (1,300,000 − 100,000)/3 = 400,000

감가상각비 400,000 감가상각누계액 1200,000

2) 정률법 : 자산의 내용연수 동안 감가상각액이 매 기간 감소

"기계는 일반적으로 처음 샀을 때가 더 좋으니까 그때 감가상각비를 더 높이고 기계 질은 점점 떨어지므로 감가상각비를 점차 감소시킴"

예) 취득원가 1,200,000원, 잔존가치 100,000원, 추정내용연수 3년, 정률 0.2 가정하고 각 연도 말 감가상각비는?

1년도 미상각잔액 (1,200,000 − 0) = 1,200,000 × 0.2정률 = 240,000

감가상각비 240,000 감가상각누계액 240,000

1년도에는 미상각잔액 = 원가 − 감가상각누계액인데

감가상각누계액이 아직 없으므로 '0'으로 처리

2년도 미상각잔액 (1,200,000 − 240,000) × 0.2 = 192,000

감가상각비 192,000 감가상각누계액 432,000

→ 감가상각누계액 = 이전 감가누계액 + 이번 감가상각비

3년도 미상각잔액 (1,200,000 − 432,000) × 0.2 = 153,600

감가상각비 153,600 감가상각누계액 585,600

한 가지 유념해야 할 것은 감가상각비는 비용이라 하나 세금계산서나 영수증이 오간 바도 없고 실제로 물건을 사용해 티가 나는 것도 아닌 비非현금비용이란 점이다.

감가상각비는 금액은 제법 크면서도 실제로 현금이 지출되지 않는 비현금비용인지라 장부상의 이익은 줄지만 실제로 고이는 자금은 만만치 않다. 또 비용을 장부에 올리면 그만큼 이익이 덜 나는지라 세금도 줄일 수 있다.

Q44. 손익損益의 구분은?

회계에서는 손익을 계산할 때 그 성격에 따라 다섯 단계로 나누어 보고한다.
우선 매출액에서 매출원가를 차감해 **매출총이익**을 구한 다음,
판매비와 일반관리비, 곧 영업비를 공제해 **영업이익**을 구한다.
다음엔 영업 외 활동으로부터의 수익과 비용을 가감해 **경상이익**을,
마지막으로 비경상적인 특별손익을 반영해 **법인세 차감전 순이익**을 구하고,
이어 법인세를 차감해 **당기순이익**을 구한다.

매출액
- 매출원가
- 판매비/관리비
- 법인세

당기순이익

일정 기간 기업이 벌어들인 이익은 기업이 정기적으로 공시하는 손익계산서 Income Statement에 나타나 있다. 손익계산서는 특정 기간 동안 발생한 제반 수익과 비용 가운데 기업회계기준이 제시하는 바에 따라, 해당 기간의 수익과 비용으로 인정되는 것들을 체계적으로 정리하여, 최종적으로 해당 기간의 이익을 계산하여 표시해 주는 재무제표財務諸表의 일종이다.

손익계산서를 본격적으로 다루기에 앞서 일반 상식을 동원하여 크건 작건 간에 사업을 하는 사람이라면 누구에게나 적용되는 수익과 비용을 살펴보자. 우선 수익이나 비용은 일정 기간 동안에 발생한 개별 수익과 개별 비용의 합계이다. 이 점이 바로 어느 한 특정 시점에 있어서의 포지션 크기를 기준으로 하는 자산이나 부채의 개념과 차이가 나는 점이다.

이제 덕선이 부모님이 창업하신 청과물 도매상 써니농산 주식회사의 실적을 예로 수익과 비용을 보다 구체적으로 살펴보기로 하자.[3] 지난 20×1년 1년 동안 써니농산은 청과물 5억원어치를 산지에서 구입하여 소매상에게 10억을 받고 팔았는데 이 과정에서 인건비와 기타 일반관리비로 각각 8천만원, 3천만원을 사용하였다. 건물에 대한 감가상각비가 4천만원이었으며, 건물 일부의 임대수익이 8천만원이었고, 은행에 지불한 이자가 1억 5천만원이었다. 비품이나 설비에도 감가상각이 적용되는 것이지만 논의를 단순화하기 위하여 건물에만 감가상각이 적용된다고 가정하였다.

이를 수익과 비용별로 집계하여 차이를 계산한 결과 2억 8천만원의 이익이 발생한 것으로 나타났는데, 요약하여 정리해 보면 다음과 같다.

---

3. 『재무제표분석』(한국금융연수원, 2004) 내용 일부 참조.

써니농산의 수익과 비용(20×1년)

(단위 : 백만원)

수익		
	매출액	1,000
	이자 및 임대 수익	80
	계	1,080
비용		
	매출원가	500
	인건비	80
	감가상각비	40
	기타 일반관리비	30
	이자비용	150
	계	800
이익		
	수익 − 비용	280

위 표는 수익과 비용을 단순히 집계한 결과에 불과하나 이를 영업활동과 영업 외 활동으로 구분하는 등 회계기준에 입각하여 이른바 손익계산서라는 재무제표의 구조를 갖춘 형식으로 다시 정리해 보면 오른쪽 표와 같다. 써니농산에 적용되는 법인세율을 20%로 하여 얻은 당기순이익은 2억 2천 4백만원이었다.

기업이 활동을 개시하기 위해서는 먼저 사업에 필요한 물건이나 건물, 기계 등 자산Assets

써니농산 주식회사 손익계산서

손익계산서

(20×1. 1. 1. ~ 20×1. 12. 31)

	단위 백만원
매출액	₩1,000
매출원가	500
매출총이익	500
판매비와 일반관리비	150
인건비	80
감가상각비	40
기타 일반관리비	30
영업이익	350
영업외 수익	80
영업외 비용	150
법인세 차감전 순이익	280
법인세(세율 20%)	56
당기순이익	₩224

을 구비해야 한다. 이를 위한 자금은 기업의 주인인 주주가 출자한 자본Common Equity과 은행차입금 등 부채Liabilities에 의해 조달된다. 이때 특정 시점에서 기업이 보유한 자산의 총액과 기업이 조달한 자금의 총액은 항상 동일하게 된다.

예를 들어 써니농산이 자본금 10억원으로 청과물도매상을 시작하였다고 하자. 이 행위를 써니농산의 입장에서 보면 써니농산은 주주에 대해 10억원의 자본이라는 의무를 지닌 대가로 현금 자산 10억원이라는 권리를 보유하게 되었다라고 설명할 수 있을 것이다. 이러한 내용을 이른바 복식부기의 방식으로 정리하여 보자.

자산은 왼쪽에, 부채와 자기자본은 오른쪽에 표시하고 양쪽 금액을 일치하도록 정리하는 일을 분개라 부르는데, 이때 왼편을 차변Debits, 그리고 오른편을 대변Credits이라 부른다. 따라서 써니농산의 최초의 분개는 다음과 같이 될 것이다.

(**단위** : 백만원)

(차) 현금	1,000	(대) 자본금	1,000

그 후 보유 현금 5억과 은행 융자 7억으로 12억에 달하는 건물을 매입하였다면 분개는 다음과 같이 될 것이다.

(차) 건물	1,200	(대) 장기차입금	700
		현금	500

그 결과 써니농산의 자산은 남아 있는 현금 5억과 신규로 매입한 건물 12억 등 총 17억이 된다. 이 금액은 결국 은행차입금 7억과 자본 10억의 합계와 동일한 금액임을 알 수 있다. 이를 자산은 왼편에 부채와 자본은 오른편에 정리하여 보면 다음과 같은 모습을 갖게 된다.

자산과 부채의 정리(I)

자산(차변)		부채와 자본(대변)	
현금	500	장기차입금	700
건물	1,200	자본금	1,000
계	1,700	계	1,700

이상과 같이 자산은 한 쪽에 부채와 자본은 다른 쪽에 정리한 형식의 재무제표를 재무상태표라 한다. 특정 시점에 기업이 보유하고 있는 자산과 기업이 지니고 있는 부채와 자본을 대조하여 균형을 이루게 하는 일종의 권리와 의무의 목록표라 할 수 있다.

자산과 부채의 정리(II)

자산		
	현금	500
	건물	1,200
	계	1,700
부채 및 자본		
	장기차입금	700
	자본금	1,000
	계	1,700

물론 재무상태표의 형식은 반드시 '자산과 부채의 정리(I)' 처럼 자산과 부채 및 자본을 각각 좌우에 표시해야만 하는 것은 아니다. '자산과 부채의 정리(II)' 와 같이 상하로 구분하여 표시하는 경우도 많다.

재무상태표가 어떤 형식을 취하든 자산과 부채의 항목인 이른바 계정과목 Account의 나열은 유동성의 정도와 만기에 따른다. 자산은 유동자산과 고정자산으로 구분하고 부채는 유동부채와 고정부채로 구분한다. 편의상 만기 1년을 기준으로 그 이하인 자산과 부채를 유동자산 및 유동부채로 분류한다. 따라서 재무상태표의 기본 구조는 다음과 같다.

재무상태표의 기본 구조

자산	부채와 자기자본
유동자산	**유동부채**
현금	매입채무
매출채권	단기차입금
재고자산	……
……	**고정부채**
고정자산	장기차입금
기계	회사채
건물	……
……	**자본**
	자본금
	이익잉여금
	……

다시 써니농산의 경우로 돌아가서 실제 영업을 개시한 후 어떤 일들이 발생하며 그 결과 재무제표는 어떻게 달라지는지 살펴보기로 하자. 건물을 매입한 후 써니농산이 본격적으로 청과물 도매를 시작하기 위해서는 우선 집기 비품, 차량 등을 구입하고 동시에 산지에서 청과물을 매입하여 판매에 나서야 한다. 이때 써니농산의 영업활동은 청과물 매입 → 매입채무 발생 → 재고자산 보유 → 매출 → 매출채권 발생 → 매출채권 현금 회수 → 매입채무 상환 → 청과물 매입 … 의 사이클을 그리게 될 것이다.

물론 매입채무를 매출채권 회수 이전에 상환해야 한다면 이 사이클은 …매출채권 발생 → 매입채무 상환 → 매출채권 현금 회수 → 청과물 매입 … 하는 식으로 약간 달라질 수 있겠으나 아무튼 영업활동의 결과 유동자산과 유동부채의 지속적인 증감이 발생하게 되는 것만은 분명하다. 재무상태표란 바로 월말, 분기말, 연말 하는 식으로 어떤 특정 시점에 있어서 이러한 자산과 부채의 증감의 결과 그 시점에서 자산과 부채 및 자기자본의 발란스 금액즉, 잔액을 나타내는 표인 것이다. 20×1년 12월 31일 현재 써니농산의 자산과 부채 및 자기자본의 발란스를 마감한 결과 다음과 같은 수치를 얻었다.

자산과 부채의 잔액

(단위 : 백만원)

현금	404
매출채권	250
재고자산	50
매입채무	140
설비 및 비품	200
건물	1,200
은행차입금	700
자본금	1,000

써니농산 주식회사 재무상태표

재무상태표

(20×1. 12. 31 현재)

(단위 : 백만원)

자산			
유동자산			
현금	404		
매출채권	250		
재고자산	50		
계		704	
고정자산			
설비 및 비품	200		
건물	1,200		
(감가상각누계액)	(40)		
계		1,360	
자산총계			2,064
부채 및 자본			
유동부채			
매입채무	140		
계		140	
고정부채			
장기차입금	700		
계		700	
부채총계		840	
자 본			
자본금	1,000		
이익잉여금	224		
자본총계		1,224	
부채 및 자본 총계			2,064

DHC 라이브러리

천재들의 실패

투자 천재들의 믿기 힘든 실패 이야기! 1998년 월스트리트에서 벌어진 드라마틱한 사건!

로저 로웬스타인 지음
이승욱 옮김 | 한국경제신문사
2009년

이 책은 금융이론과 실무가 완벽하게 결합된 '월가 드림팀'이 펼쳤던 믿을 수 없는 투자 실패 이야기를 들려준다. 『뉴욕타임스』 기자이자 저명한 경제 칼럼니스트 로저 로웬스타인은 월스트리트의 총아 존 메리웨더와 두 명의 노벨 경제학상 수상자가 이끈 세계 최대의 헤지펀드 롱텀캐피털 매니지먼트의 성장과 몰락 스토리를 공개한다.

저자는 현장에 참여한 유명 금융인들, 피터 번스타인 같은 저명한 경제학자들, 월가의 은행들, 미국연방준비은행 등을 인터뷰하고 관련 자료를 수집하였다. 당시 롱텀캐피털은 철저하게 투자 모델에 의거하는 과학적 투자 기법으로 매년 천문학적인 수익률을 기록했었다. 월가의 유수한 은행들뿐만 아니라 외국 유명 은행들까지 그들에게 투자했다.

하지만 몰락이 시작되자 걷잡을 수 없었다. 1998년 들어 러시아의 모라토리엄을 예측 못해 한 달 만에 1조 달러가 넘는 자본금을 잃었고, 그들에게 투자했던 월가와 유럽 주요 은행들마저 연쇄적으로 위험에 처했다. 상황이 심각해지자 거물 투자자들과 미국연방준비은행은 긴급회의를 소집하고 대책을 마련하였다.

자료 : http://www.kyobobook.co.kr/product/detailViewKor.laf?barcode=9788947526999

Q45. 재무제표란?

Q46. 재무상태표Statement of Financial Position란?

Q47. 손익계산서Income Statement란?

Q48. 현금흐름표Cash Flow Statement란?

Q49. 현금흐름표 작성에 있어 직접법 vs 간접법?

재무제표

Finance and Accounting
ch. five

5

기업은 일정 기간 동안 이루어진 사업의 부기 내용을 정기적으로 취합 · 정리하여 대외에 공시公示하게 되어 있는데 재무상태표, 손익계산서, 현금흐름표 등의 재무제표를 공시한단다.

재무상태표는 Stock 기준몇 년, 몇 월, 며칠 기준으로, 손익계산서와 현금흐름표는 Flow 기준1년 등 일정 기간으로 작성된다.

재무상태표는 일정한 시점 현재Stock 기업이 보유하고 있는 재무상태를 나타내는 회계보고서로, 재무상태란 자산, 부채, 자본의 상태를 의미한다. 재무상태표는 정보이용자들에게 기업의 유동성, 재무적 탄력성, 수익성과 위험도 등을 평가하는 데 유용한 정보를 제공한다.

손익계산서는 일정 기간 동안Flow 기업의 경영성과에 대한 정보를 제공하는 재무보고서로 당해 회계기간의 경영성과를 나타낼 뿐만 아니라, 기업의 미래 현금흐름과 수익창출능력 등의 예측에 유용한 정보를 제공한다.

현금흐름표는 기업이 필요로 하는 현금이 어디에서 조달되어 어디에 사용되고, 얼마나 내부에 유보되어 있는지를 일목요연하게 볼 수 있는 재무제표로 경기가 침체되어 유동성이 중요한 이슈가 되고 있는 상황이라면 현금흐름표는 다른 때보다 더 유용한 재무제표라고 할 수 있다.

지난 3월이었던 것으로 기억하는데 … 갑자기 경제신문에 기업들의 결산공고가 넘쳐났다. 12월 말 결산 법인들의 결산공고가 왜 3월에 몰리는 걸까? 그것도 재무상태표만 나왔던 것으로 아는데 왜? 맨 밑에 '감사의견'은 또 뭐지? 주주총회는 뭐 하는 거지? D조선 주주인10주밖에 안 되는데 나도 주주총회에 갈 수 있나? … 궁금한 게 한두 가지가 아니다.

재무제표 공시의 예(제조업 vs 금융업)

제43기 결산공고

재무상태표

(2010년 12월 31일 현재)

(단위 : 원)

자산		부채 · 자본	
과목	금액	과목	금액
Ⅰ. 유동자산	(13,234,180,375,141)	Ⅰ. 유동부채	(8,996,204,164,553)
1) 당좌자산	(11,591,279,230,660)	1. 매입채무	3,428,786,124,600
1. 현금 및 현금성자산	1,772,837,088,104	2. 단기차입금	485,008,993,328
2. 단기금융상품	6,917,812,535,635	3. 미지급금	1,870,206,572,946
3. 단기투자자산	-	4. 선수금	193,909,845,150
4. 매출채권	2,074,161,341,534	5. 예수금	566,404,670,772
(대손충당금)	▲10,282,590,000	6. 미지급비용	128,397,006,928
5. 단기대여금	-	7. 유동성장기부채	651,438,556,040
6. 미수금	361,334,654,481	8. 판매보증충당부채	958,049,072,332
7. 미수수익	123,850,314,410	9. 미지급법인세	621,078,873,966
8. 선급금	64,422,131,692	10. 파생상품부채	71,714,856,521
9. 선급비용	12,789,165,182	11. 기타유동부채	21,209,591,970
10. 보증예치금	602,049,835		
11. 파생상품자산	44,367,525,368		
12. 이연법인세자산	210,219,489,903	Ⅱ. 비유동부채	(4,724,673,408,794)
13. 기타단기채권	19,165,524,516	1. 사채	1,000,000,000,000
		(사채할인발행차금)	▲3,158,622,744
2) 재고자산	(1,642,901,144,481)	2. 장기차입금	15,864,440,200
		3. 퇴직급여충당부채	1,416,561,069,394
		(퇴직보험예치금)	▲1,081,813,740,311
Ⅱ. 비유동자산	(27,833,499,257,485)	(국민연금전환금)	▲10,357,517,700
1) 투자자산	(15,719,106,082,648)	4. 장기성판매보증충당부채	2,717,774,803,514
1. 장기금융상품	1,120,037,400,000	5. 파생상품부채	-
2. 장기투자증권	1,380,178,154,586	6. 이연법인세부채	669,802,976,441
3. 지분법적용투자주식	13,215,158,711,221		
4. 장기대여금	3,731,816,841	부채총계	13,720,877,573,347
2) 유형자산	(9,742,403,039,786)	Ⅰ. 자본금	(1,488,993,125,000)
1. 토지	2,031,076,116,638	1. 보통주자본금	1,157,982,395,000
2. 건물	3,704,435,468,865	2. 우선주자본금	331,010,730,000
3. 구축물	433,023,629,479		
4. 기계장치	6,534,077,786,141	Ⅱ. 자본잉여금	(5,967,317,172,483)
5. 차량운반구	172,357,713,505	1. 주식발행초과금	3,321,333,705,476
6. 금형 및 공구기구	3,537,153,055,756	2. 재평가적립금	1,852,870,545,164
7. 집기비품	914,089,979,962	3. 기타자본잉여금	793,112,921,843
(감가상각누계액)	▲8,286,831,132,532		
8. 건설중인자산	703,020,421,972	Ⅲ. 자본조정	▲918,214,486,472
		1. 자기주식	▲918,214,486,472
3) 무형자산	(1,923,318,153,805)	Ⅳ. 기타포괄손익누계액	(972,400,848,952)
1. 산업재산권	20,065,655,792	1. 매도가능증권평가이익	906,752,907,591
2. 개발비	1,896,956,538,582	2. 지분법자본변동	60,971,702,468
3. 기타무형자산	6,295,959,431	3. 현금흐름위험회피파생상품평가이익	4,676,238,893
4) 기타비유동자산	(448,671,981,246)	Ⅴ. 이익잉여금	(19,836,305,399,316)
1. 장기성 매출채권	52,023,863,296	1. 이익준비금	333,890,000,000
(현재가치할인차금)	▲7,438,380,733	2. 기타적립금	14,336,647,000,000
2. 장기미수금	70,854,848,809	3. 미처분이익잉여금	5,165,768,399,316
3. 보증금	201,853,044,743	(당기순이익 : 5,266,970,865,044)	
4. 장기보증예치금	131,378,605,131		
		자본총계	27,346,802,059,279
자산총계	41,067,679,632,626	부채와자본총계	41,067,679,632,626

위와 같이 공고함.

2011년 3월 12일

현대자동차주식회사

대표이사 양 승 석

감사의견 : 위 재무상태표를 포함한 제43기 재무제표는 중요성의 관점에서 대한민국에서 일반적으로 인정된 회계처리기준에 따라 작성되었습니다.

안진회계법인 대표이사 공인회계사 이 재 술

삼성생명 SAMSUNG

제55기 결산공고

재 무 상 태 표

2011년 3월 31일 현재 (단위 : 원)

계정과목	금액
자산	
Ⅰ. 현금및예치금	4,466,756,254,342
1. 현금및현금성자산	933,996,509,519
가. 현금	226,295,200
나. 당좌예금	5,351,887,421
다. 보통예금	193,094,726,668
라. 해외예금	7,863,110,940
마. 정기예금	257,979,000,000
바. 기타예금	469,481,489,290
2. 예치금	3,532,759,744,823
가. 정기예금	3,511,809,600,000
나. 기타예금	20,045,555,371
다. 선물거래예치금	904,589,452
Ⅱ. 유가증권	84,790,273,347,545
1. 단기매매증권	706,611,367,813
가. 국공채	101,252,155,600
나. 특수채	209,595,993,900
다. 금융채	50,314,012,100
라. 회사채	94,395,111,080
마. 수익증권	11,939,027,433
바. 기타유가증권	239,115,067,700
2. 매도가능증권	80,909,444,533,295
가. 주식	13,453,414,164,505
나. 국공채	27,041,575,364,745
다. 특수채	20,284,043,356,496
라. 금융채	1,883,952,935,338
마. 회사채	3,016,643,847,358
바. 수익증권	2,698,512,937,851
사. 해외유가증권	12,296,012,129,916
아. 기타유가증권	235,289,797,086
3. 만기보유증권	1,228,480,500,374
가. 국공채	1,088,482,675,928
나. 특수채	139,997,824,446
4. 지분법적용투자주식	1,945,736,946,063
가. 주식	1,762,340,470,056
나. 출자금	57,925,034,490
다. 해외유가증권	102,849,396,576
라. 기타유가증권	22,622,044,941
Ⅲ. 대출채권	24,200,854,920,562
(대손충당금)	-256,034,593,619
(이연대출부대수익)	5,816,364,090
1. 콜론	13,720,000,000
2. 보험약관대출금	12,503,049,249,880
3. 유가증권담보대출금	20,179,000,000
4. 부동산담보대출금	7,371,377,965,506
5. 신용대출금	3,803,474,861,567
6. 지급보증대출금	88,243,716,292
7 기타대출금	651,028,356,846
Ⅳ. 투자부동산	719,899,664,658
1. 토지	431,155,437,638
2. 건물	322,442,636,687
(감가상각누계액)	-37,159,492,459
3. 구축물	940,924,690
(감가상각누계액)	-804,549,924
4. 건설중인자산	3,324,708,026
Ⅴ. 유형자산	4,541,708,645,641
1. 토지	1,625,148,146,963
2. 건물	3,533,741,213,557
(감가상각누계액)	-828,321,391,347
3. 구축물	47,167,077,222
(감가상각누계액)	-39,256,976,250
4. 건설중인자산	139,670,931,409
5. 차량운반구	6,596,135,770
(감가상각누계액)	-3,264,474,742
6. 공구기구비품	386,289,301,157
(감가상각누계액)	-334,924,499,995
7. 기타의유형자산	8,863,181,897
Ⅵ. 기타자산	6,167,174,691,027
1. 보험미수금	53,208,013,263
(대손충당금)	-84,801,602
2. 미수금	130,882,608,729
(대손충당금)	-46,515,426,722
3. 보증금	179,755,827,986
4. 미수수익	1,435,310,160,556
(대손충당금)	-1,495,433,302
5. 선급비용	13,584,699,011
6. 선급금	1,521,483,061
7. 신계약비	3,849,666,862,579
8. 파생상품자산	420,347,977,044
9. 무형자산	105,542,720,424
가. 개발비	75,860,071,637
나. 소프트웨어	27,754,564,843
다. 기타의 무형자산	1,928,083,944
10. 기타	25,450,000,000
Ⅶ. 특별계정자산	21,466,951,335,493
자산총계	**146,353,618,859,268**

계정과목	금액
부채	
Ⅰ. 책임준비금	99,133,436,390,357
(출재보험준비금)	-13,412,945,946
1. 보험료적립금	94,794,270,031,756
2. 지급준비금	2,190,318,714,782
3. 미경과보험료적립금	17,300,821,105
4. 보증준비금	572,473,506,573
5. 계약자배당준비금	419,567,568,775
가. 금리차보장준비금	215,917,680,811
나. 위험률차배당준비금	480,689,954,270
다. 이자율차배당준비금	440,512,447,059
라. 사업비차배당준비금	273,419,679,491
마. 장기유지특별배당준비금	8,737,801,405
바. 재평가특별배당준비금	290,005,739
6. 계약자이익배당준비금	146,559,763,161
7. 재보험료적립금	6,358,930,151
Ⅱ. 계약자지분조정	5,213,858,993,823
1. 계약자배당안정화준비금	113,824,607,586
2. 공익사업출연기금	44,000,060,898
3. 매도가능증권 평가이익	4,973,127,015,504
4. 만기보유증권 평가이익	1,731,988,326
5. 지분법자본변동	82,714,931,241
6. 부의지분법자본변동	-1,539,609,732
Ⅲ. 기타부채	4,972,055,704,410
1. 보험미지급금	9,561,617,396
2. 미지급금	55,820,255,663
3. 미지급비용	468,932,467,216
4. 미지급법인세	146,709,613,670
5. 선수금	61,880,800
6. 선수수익	1,403,201,152
7. 예수금	32,631,031,484
8. 선수보험료	172,735,531,403
9. 임대보증금	456,715,909,323
10. 퇴직급여충당부채	250,222,339,000
(국민연금전환금)	-1,409,089,238
(퇴직연금운용자산)	-192,602,495,440
11. 이연법인세부채	2,337,803,839,333
12. 파생상품부채	1,140,828,843,314
13. 신탁계정미지급금	3,336,856,853
14. 기타	89,303,902,481
Ⅳ. 특별계정부채	21,644,287,347,190
부채총계	**130,963,638,435,780**
자본	
Ⅰ. 자본금	100,000,000,000
1. 보통주자본금 (2,000만주@₩5,000)	100,000,000,000
Ⅱ. 자본잉여금	6,131,429,078
1. 재평가적립금	6,131,429,078
Ⅲ. 자본조정	13,493,452,365
1. 기타자본조정	13,493,452,365
Ⅳ. 기타포괄손익누계액	7,461,164,091,242
1. 매도가능증권 평가이익	8,203,393,094,668
2. 만기보유증권 평가이익	2,861,814,883
3. 지분법자본변동	138,860,938,294
4. 부의지분법자본변동	-2,976,720,858
5. 현금흐름위험회피 파생상품 평가이익	205,462,505,258
6. 현금흐름위험회피 파생상품 평가손실	-1,113,753,490,507
7. 특별계정 기타포괄손익 누계액	27,315,949,504
Ⅴ. 이익잉여금	7,809,191,450,803
1. 법정적립금	50,000,000,000
2. 임의적립금	2,327,741,074
기업합리화적립금	2,327,741,074
3. 미처분이익잉여금 (당기순이익1,924,853,105,490)	7,756,863,709,729
자본총계	**15,389,980,423,488**
부채와 자본 총계	**146,353,618,859,268**

위와 같이 공고함.

2011년 6월 4일

삼성생명보험주식회사

대표이사 사장 박 근 희

감사의견 : 위 재무상태표를 포함한 제55기 재무제표는 중요성의 관점에서 대한민국에서 일반적으로 인정된 회계처리기준에 따라 작성되었습니다.

삼일회계법인 대표이사 안경태

Q45. 재무제표란?

회계보고서는 한결같이 화폐로 나타낸 재무적인 표이기 때문에 재무제표財務諸表라 한다.

기본 재무제표에는 재무상태표, 손익계산서, 이익잉여금 처분계산서 및 현금흐름표가 있고, 재무제표는 본문과 (　) 안에 토를 다는 주기와 주석이라고 해 별도의 설명을 곁들인다.

이 외에 보충자료로 재고자산 명세서, 제조원가 명세서, 감가상각 명세서, 유가증권 명세서와 같은 보충 명세서가 있다. 보통 재무제표는 1년을 기준으로 하지만 중간 결산을 통해 반년치의 반기 재무제표를 작성하기도 한다.

Tips IFRS

국제회계기준國制會計基準(International Financial Reporting Standards ; IFRS)은 국제회계기준위원회IASB가 제정하는 회계기준으로, 현재 110여 개 국가에서 채택되었거나 도입 예정에 있다. 공식 홈페이지에서는 eIFRS 홈페이지에 가입된 회원들에 한해 온라인으로 IFRS를 열람할 수 있게 했다. 미국 등 IFRS를 도입하지 않고 자국의 GAAP을 적용하는 국가도 IFRS와의 호환을 계획하고 있으며, 대한민국은 한국회계기준원에서 2011년부터 IFRS를 한국어로 번역한 한국채택국제회계기준K-IFRS을 상장기업에 전면 도입하였다.

Q46. 재무상태표Statement of Financial Position란?

일정한 시점 현재Stock 기업의 재무상태를 나타내는 회계보고서로, 재무상태란 자산, 부채, 자본의 상태를 의미한다.

재무상태표는 차변과 대변으로 구성되며, 차변에 자산, 대변에 부채 및 자본이 있다. 총자산자산 총계의 합계는 항상 총부채부채 총계와 총자본자본 총계의 합계액과 일치한다.

재무상태표는 정보이용자들에게 기업의 유동성, 재무적 탄력성, 수익성과 위험도 등을 평가하는 데 유용한 정보를 제공한다.

기업의 회계처리가 국제회계기준IFRS으로 바뀌면서 대차대조표라는 용어 대신 재무상태표라는 용어가 쓰인다.

Tips 저량貯量(Stock) vs 유량流量(Flow)

저량Stock은 특정 시점에서의 수량이나 금액을 나타내는 통계

예) 통화량, 외환보유액, 금융 자산 또는 부채 잔액

유량Flow은 특정 기간 중 수량이나 금액의 변동또는 발생량

예) 국민총생산, 수출입액, 인플레이션율

재무상태표의 예

재무상태표

1996. 12. 31 현재

(단위 : 천원)

	1996
자산	
현금	360
외상매출금	304
재고자산	536
투자유가증권	1,296
토지	1,024
건물	784
자산 총계	4,304
부채 & 자본	
외상매입금	288
미지급금	192
사채	280
장기성지급어음	800
자본금	2,360
이익잉여금	384
부채와 자본 총계	4,304

Q47. 손익계산서Income Statement란?

손익계산서는 일정 기간 동안Flow 기업의 경영성과에 대한 정보를 제공하는 재무보고서로, 당해 회계기간의 경영성과를 나타낼 뿐만 아니라 기업의 미래 현금흐름과 수익창출능력 등의 예측에 유용한 정보를 제공한다.

손익계산서는 이익과 손실을 한눈에 쉽게 알 수 있도록 나타낸 계산서로 일정 기간 동안의 경영성과를 보여주는 재무제표이다. 손익계산서에서는 일정 기간 동안 발생된 수익, 비용, 이익이 주요 구성항목이 된다.

손익계산서는 기업회계 기준서에 규정되어 있는 재무제표의 작성과 표시 기준에 따라 작성한다. 손익계산서는 기업의 외부관계자에게 경영 활동 및 실적 등을 보여줄 수 있는 재무보고의 핵심적인 수단이라고 할 수 있다.

손익계산서의 예

손익계산서

(1996년 1월 1일 ~ 1996년 12월 31일)

(단위 : 천원)

계정과목	
매출액	800
매출원가	408
판매비와 일반관리비	100
감가상각비	16
지급이자	5
법인세 등	7
당기순이익	264

ABC 회사의 재무상태표1995년 말과 1996년 말와 손익계산서1996년 1년가 다음과 같다.

재무상태표

1995. 12. 31 현재

1996. 12. 31 현재

(단위 : 천원)

	1995	1996
자산		
현금	240	360
외상매출금	320	304
재고자산	480	536
투자유가증권	1,600	1,296
토지	800	1,024
건물	–	784
자산 총계	3,440	4,304
부채 & 자본		
외상매입금	320	288
미지급금	240	192
사채	400	280
장기성지급어음	–	800
자본금	2,160	2,360
이익잉여금	320	384
부채와 자본 총계	3,440	4,304

손익계산서

(1996년 1월 1일 ~ 1996년 12월 31일)

(단위 : 천원)

계정과목	
매출액	800
매출원가	408
판매비와 일반관리비	100
감가상각비	16
지급이자	5
법인세 등	7
당기순이익	264

한편 ABC 회사의 1996년 거래내역은 다음과 같다.[1]

1) 당기순이익	264,000원
2) 외상매입액	464,000원
3) 재고자산의 증가	56,000원
4) 당기매출액 전액 외상매출	800,000원
5) 현금지출비용	112,000원
판매비 및 일반관리비	100,000원
지급이자	5,000원
법인세 지급액	7,000원
6) 외상매출금 회수액	816,000원
7) 외상매입금 지급액	496,000원
8) 건물감가상각비	16,000원
9) 토지취득비용 현금	224,000원
10) 투자유가증권 장부가 처분	304,000원
11) 미지급금 지급	48,000원
12) 회사채 액면가 발행 현금	80,000원
13) 현금배당	200,000원
14) 보통주식 발행 + 회사채 상환	200,000원

주) 1996년 1월 새 건물 완공, 공사비는 3년 후 만기가 되는 약속어음 800,000원을 발행하여 지급함.

건물의 추정 내용연수는 50년이며, 잔존가치는 없는 것으로 가정하고 정액법으로 상각함.

1. 『중급회계』(정기영, 경문사, 1994) 참조.

지금까지 논의한 손익계산서와 재무상태표를 기초로 기업의 현금흐름을 살펴보자.[2] 어느 기업에나 그 기업의 현금흐름에 영향을 주는 거래는 다양하게 존재한다. 우선 기업이 제품을 판매하면 현금이 들어온다. 현금판매인 경우에는 판매 즉시 현금이 들어올 것이고, 외상매출인 경우에는 일정 기간이 경과한 후 매출채권이 현금으로 회수될 것이다. 한편, 판매할 제품을 매입하기 위해서는 당장 현금이 필요하거나 최소한 매입 후 약정한 기간이 경과되면 외상으로 매입한 제품의 원가, 이른바 매입채무를 현금으로 상환해야 한다.

기업의 현금흐름은 위에서 설명한 영업활동에서만 발생하는 것이 아니다. 기계나 설비 등을 새로 구입하는 경우 현금이 나가게 되지만, 기존에 보유하고 있는 자산을 매각하는 경우 현금이 들어오기도 한다. 그런데 토지를 제외한 모든 유형고정자산은 시간의 경과에 따라 그 자산이 기업의 비즈니스에 사용된 만큼 가치가 감모되는데 이 감모된 부분을 각 기간의 비용으로 배분한다. 이러한 배분비용을 감가상각비라 하며, 유형고정자산의 순자산가치는 애당초의 구입 원가에서 누적된 감가상각비만큼을 공제한 금액으로 표시한다. 결국 감가상각비는 각 기간의 비용으로 계상은 되지만 실제로 현금이 발생하지는 않는 비용인 것이다. 현금은 이미 자산을 구입할 당시 지불했기 때문이다.

자산의 구입이나 매각 이외에도 기업의 현금흐름에 영향을 미치는 거래가 또한 존재한다. 영업상 일시적 자금부족을 보충하거나 고정자산을 구입하기 위해 기업은 단기차입을 하기도 하고 회사채를 발행하거나 유상증자를 실시하기도 한다. 이때 차입이나 회사채 발행, 유상증자 등 기업의 부채나 자본이 늘어나면 그만큼 기업의 현금 유입이 발생하게 된다. 반대로 차입금을 상환하거나 회사채를 상환하여 차입금이나 회사채가 줄면, 이때는 상환을 위해서 그에 상응한 만큼의 현금을 필요로 하므로 현금 유출이 발생하는 것이다.

그렇다면 이제 어떤 기업이 자동화 설비를 위하여 10억원의 회사채를 발행하였

2. 『재무제표분석』(한국금융연수원, 2004) 내용 참조.

다면 현금 유입이 발생한 것인가 아니면 현금 유출이 발생한 것인가? 이 거래에 대한 분개는 다음과 같을 것이다. 먼저 회사채를 발행한 시점의 분개는 다음과 같다.

(차) 현금 1,000,000,000 (대) 사채 1,000,000,000

그리고 나서 자동화 설비를 도입한 시점의 분개는 다음과 같을 것이다.

(차) 설비 및 기계 1,000,000,000 (대) 현금 1,000000,000

따라서 순현금 포지션의 발란스balance는 종전과 다를 바 없으므로 새로운 현금흐름이 존재하지 않는 것처럼 보이지만 실제로는 10억의 현금 유입과 10억의 현금 유출이 발생하였던 것이다. 현금흐름표는 이와 같이 특정 기간 동안 기업이 겪은 현금의 유입과 유출의 발생을 영업활동, 투자활동, 재무활동 등 기업의 활동별로 정리한 재무제표를 말한다.

특정 기간의 현금흐름을 살펴보기 위해서는 해당 기간의 손익계산서와 해당 기간의 기초와 기말 두 시점의 재무상태표가 필요하다. 손익계산서는 그 기간 동안에 발생한 수익과 비용의 총량을 집계한 표이므로 하나로 충분하지만, 재무상태표는 특정 시점에 있어서 기업의 자산과 부채의 잔액을 나타내는 표이므로 해당 기간 동안에 그 기업의 자산과 부채 및 자본의 변동을 파악하기 위해서는 두 시점의 재무상태표가 필요하다.

먼저 손익계산서에 나타난 당기순이익은 수익에서 비용과 법인세를 차감한 금액으로, 이를 요약하여 표시하면 다음과 같은 등식으로 나타낼 수 있다.

당기순이익
= 매출액 – 매출원가 – 비용 – 법인세
= (현금매출 + 외상매출) – (현금매입 + 외상매입)
 – (현금비용 + 비현금비용) – 법인세

여기서 논의의 초점이 현금흐름이라는 사실을 상기하면서 위 식을 다시 정리해 보면 다음과 같은 의미 있는 결과를 얻을 수 있다.

당기순이익 + 비현금비용 – 외상매출 + 외상매입
= 현금 증가/감소
= 현금매출 – 현금매입 – 현금비용 – 법인세

등식 우변에 입각하여 작성된 현금흐름표를 직접법에 의한 현금흐름표라 하고, 등식 좌변에 입각하여 작성된 현금흐름표를 간접법에 의한 현금흐름표라 한다. 아무튼 당기순이익은 손익계산서의 맨 마지막 항목이고, 이와 관련된 것들은 모두 1년 이하의 영업활동과 관련된 것들이라 할 수 있다.

Q48. 현금흐름표 Cash Flow Statement 란?

현금흐름표는 일정 기간 동안 Flow 해당 기업의 현금이 어떻게 조달되고 사용되는지 나타내는 표로, 기간별 현금의 유입과 유출 내용을 표시함으로써 향후 발생할 기업자금의 과부족 현상을 미리 파악할 수 있다.

현금흐름표는 현금과 3개월 내에 현금으로 바꿀 수 있는 요구불예금과 어음 등의 유출 · 입 규모를 나타내기 때문에 당장 기업이 보유하고 있는 현금 상황이 어떤지를 확인할 수 있게 한다.

현금흐름은 영업활동 현금흐름, 투자활동 현금흐름, 재무활동 현금흐름 등으로 나뉜다.

1) **영업활동을 통한 현금흐름** : 기업 고유의 활동인 생산제품의 판매, 원재료와 상품의 구입에 따른 현금 유출입 상황을 나타낸다.
2) **투자활동에 의한 현금흐름** : 유가증권 및 토지의 매입 · 매각, 예금 등에 따른 현금 유출입 상황을 나타낸다.
3) **재무활동에 의한 현금흐름** : 단기차입금, 회사채 및 증자 등에 따른 현금 유출입 상황이다.

Q49. 현금흐름표 작성에 있어 직접법 vs 간접법?

당기순이익

= 매출액 − 매출원가 − 판매/관리비 − 법인세

= (현금매출 + 외상매출) − (현금매입 + 외상매입)

− (현금비용 + 비현금비용) − 법인세

⇒ 당기순이익 + 비현금비용 − 외상매출 + 외상매입 **[간접법]**

= 현금 증가/감소

= 현금매출 − 현금매입 − 현금비용 − 법인세 **[직접법]**

기억하라! 감가상각비는 비非현금비용의 대표적인 예이다.

현금흐름표

ABC 주식회사

현금흐름표(직접법)

1996.1.1 - 1996.12.31

과 목	금 액		
I. 영업활동으로 인한 현금흐름			₩208
매출활동으로부터의 현금유입액		816	
매입활동으로 인한 현금유출액		(496)	
판매비와 일반관리비 현금유출액		(100)	
지급이자 현금유출액		(5)	
법인세 현금유출액		(7)	
II. 투자활동으로 인한 현금흐름			80
투자활동 현금유입액		304	
투자유가증권의 처분	304		
투자활동 현금유출액		(224)	
토지의 취득	(224)		
III.재무활동으로 인한 현금흐름			(168)
재무활동으로 인한 현금유입액		80	
사채의 발행	80		
재무활동으로 인한 현금유출액		(248)	
미지급금의 감소	(48)		
배당금의 지급	(200)		
IV. 현금의 증가			120
V. 기초의 현금			240
VI. 기말의 현금			₩360

ABC 주식회사

현금흐름표(간접법)

1996.1.1 - 1996.12.31

과 목	금 액		
I. 영업활동으로 인한 현금흐름			₩208
당기순이익		264	
비현금비용의 가산		16	
감가상각비	16		
영업활동으로 인한 자산 부채의 변동		(72)	
외상매출금의 감소	16		
재고자산의 증가	(56)		
외상매입금의 감소	(32)		
II. 투자활동으로 인한 현금흐름			80
투자활동 현금유입액		304	
투자유가증권의 처분	304		
투자활동 현금유출액		(224)	
토지의 취득	(224)		
III.재무활동으로 인한 현금흐름			(168)
재무활동으로 인한 현금유입액		80	
사채의 발행	80		
재무활동으로 인한 현금유출액		(248)	
미지급금의 감소	(48)		
배당금의 지급	(200)		
IV. 현금의 증가			120
V. 기초의 현금			240
VI. 기말의 현금			₩360

DHC 라이브러리

블랙 스완 The Black Swan

나심 니콜라스 탈레브 지음
차익종 옮김 | 동녘사이언스 | 2008년

이 책은 현재 전 세계 금융위기의 진원지인 월스트리트의 허상을 통렬히 파헤쳤다. 백조는 흰색이라는 일반적 논리를 깬 검은 백조 발견 이야기에서 착안되었다. 검은 백조는 매우 개연성이 희박한 사건이며, 엄청난 충격을 동반한다. 현실로 나타나면 뒤늦게 설명을 시도하여 검은 백조가 설명 가능하고 예견 가능했던 일인 것처럼 여기게 만든다.

구글의 성공, 9 · 11테러 등이 대표적인 검은 백조다. 저자는 이런 내용과 함께 종교의 발생부터 개인의 삶까지 우리 세계의 모든 영역에 검은 백조가 잠복해 있다는 것을 밝힌다. 이전에는 미미한 영향을 미쳤던 것들이 이제는 큰 충격을 몰고 온다고 주장하며, 오늘날 더욱 자주 출몰하는 검은 백조 현상을 심각하게 소개한다.

무작위성에 대해 우리 인간이 갖고 있는 맹목성을 살펴본다. 그리고 검은 백조가 출현하기 전까지 이를 감지하지 못하는 이유는 무엇인지, 느닷없이 검은 백조가 출현하는 극단의 왕국에서 우리는 어떻게 살아남을 수 있는지를 설명한다. 또한 검은 백조와 공존하고 이익을 취할 수 있는 방법을 간결하게 제시한다.

'블랙 스완 검은 백조' 이란? 서구인들이 18세기에 오스트레일리아 대륙에 진출했을 때 검은색 백조를 처음 발견한 사건에서 가져온 은유다. 그 전까지는 무조건 백조는 흰색이라고 생각했다. 인류에게 발견된 백조가 모두 흰색이었기 때문이다. 하지만 검은색 고니가 발견되면서 이런 생각은 완전히 무너졌다. 이 생물사적 발견은 인류에게 새로운 교훈을 제시했다. 바로 과거의 경험에 의존한 판단이 행동의 근거가 되어서는 안 된다는 것을 알려준 것이다.

자료 : http://book.naver.com/bookdb/book_detail.nhn?bid=4934131

오늘날의 기업, 특히 다국적기업들은 경영환경의 급변에 따른 경영 리스크의 다변화에 대처하기 위한 새로운 개념의 리스크 관리가 필요하다. 그럼에도 불구하고 보험을 중심으로 하는 전통적인 리스크 관리는 이러한 기업의 니즈에 부응하지 못하고 있다.

기업의 존폐를 좌우할 수 있는 치명적인 리스크를 소위 killer risks라고 하는데 그 대표적인 예는 다음과 같다.

- 영업 라이센스 상실
- 상표 가치 또는 소비자 신용 상실
- 고객 기반 상실
- 사업 위기 및 지불능력 상실
- 기업 전체에 서비스를 제공하는 IT 관련 시설의 마비
- 인적 자원 및 기술 기반 상실
- 산업 경쟁력 상실

상기한 killer risk 중 전통적인 리스크 관리 수단인 보험을 통해 관리할 수 있는 리스크는 거의 없음을 감안할 때 기업의 리스크 관리 니즈에 대한 보험의 한계는 분명하다고 하겠다.

Fat-tail risk란 개념도 있다. 통계학에서는 자연 · 사회 · 정치 · 경제 현상들을 대개 특정한 평균치를 중심으로 대칭을 이루고 평균치에서 멀어질수록 발생 확률이 낮아지는 종 모양의 정규분포normal distribution로 설명한다. 하지만 발생 확률이 적은 현상이 나타나면서 빈도가 정규분포가 예측하는 것보다 훨씬 커져 꼬리가 굵어지면 테일 리스크가 발생한다.

최근에는 정규분포의 꼬리가 너무 두터워져 평균에 집중되는 확률이 낮아 예측력이 떨어지는 팻 테일 리스크fat tail risk가 대두되고 있다. 꼬리 부분이 두껍지 않아야 평균값의 의미가 강해지고 통계학적 예측력이 높아지는데 꼬리가 두꺼워지면 평균값의 의미가 떨어져 예측이 어려워진다.

Q50. 좋은 기업이란? 나쁜 기업이란?

Q51. 재무분석이란?

Q52. 비즈니스의 수익성이란?

Q53. 비즈니스의 유동성, 재무건전성이란?

Q54. 비즈니스의 활동성이란?

Q55. 비즈니스의 성장성이란?

Q56. 방사형 차트를 활용한 재무비율 비교는 어떻게 하나요?

Q57. 재무비율 분석의 한계는?

Q58. 분식회계가 뭔가요?

Q59. 성공이란?

Q60. 재무 및 회계는 우리 경제에서 어떤 중요한 역할을 하나요?

재무분석

Finance and Accounting
ch. six

6

와~ 벌써 학기말이다. 한 학기 동안 뭘 공부했지? 수익률과 리스크, 투자, 자본 조달, 회계 기초, 부기, 재무제표 등. 오메~ 이 많은 것들을 어떻게 다 했지? 엄청 힘들고 빡셌지만 왠지 뿌듯하고 뭔가 살아 있는 공부를 한 듯하여 기분이 좋다. 게다가 덕선이 부모님 사업도 도와 점수를 땄고, 주식 투자를 통해 짭짤하게 용돈도 벌었으니 그야말로 일석이조 아니 일석삼조다. ㅎㅎ

마지막 강의로 장교수가 이제까지 배운 내용을 기초로 해서 재무분석을 다방면으로 하는 방법을 공부한다는데 무슨 소리일까?

성공적인 비즈니스는 다음과 같은 기준으로 평가해야 한단다.

- 수익성Profitability
- 유동성Liquidity 또는 재무건전성
- 활동성Activity 또는 생산성Productivity
- 성장성Growth 또는 지속 성장 가능성Sustainability

무언가 특별한 얘기인 것 같은데 … 가만 있어 보자, 그런데 이것들은 우리가 한 학기 동안 배운 내용들 아냐?

우리는 좋은 투자를 해야 하는데 투자 수익률도 높아야 하겠지만 투자 리스크도 줄여야 한다. 경제적인 투자를 해야 생산성이 높아지고 기업가치를 높일 수 있다. 자본비용을 낮추어 자금을 조달하고 좋은 투자를 통해 기업가치를 높이고 안정적인 성장을 장기적으로 지속하는 것이 계속기업이 지속 성장하는 길이다.

지속 가능 성장! 요즘 많이들 하는 말 아닌가? 그렇군. 아무리 다른 상황에서 복잡하게 얘기를 하더라도 진리는 하나이다.

공군 지휘본부의 작전회의처럼 방사형 차트를 활용하여 비즈니스 재무분석을 시도한단다. 같은 방법으로 자기 분석, 대학 평가, 대선 주자 평가도 가능하지 싶다. ㅎ

Q50. 좋은 기업이란? 나쁜 기업이란?

좋은 기업이란?

1. 이익이 꽤 많다.
2. 자금에 여유가 있다.
3. 매출이 매년 성장한다.
4. 사원의 1인당 능률이 양호하다.
5. 신제품 개발 및 기술력이 우수하다.
6. 경영자가 우수하다.
7. 성장산업군에 속한다.
8. 금융기관의 신용이 매우 높다.

나쁜 기업이란?

1. 손실을 기록하고 있다.
2. 부채가 많고 상환에 어려움이 있다.
3. 매출이 매년 감소한다.
4. 놀고 있는 사원이 많다.
5. 기술력이 없다.
6. 경영자가 사욕을 채운다.
7. 사양산업군에 속한다.
8. 자금 조달이 불량하다.

Q51. 재무분석이란?

재무 자료를 이용해 기업의 경영 상태를 분석하는 기법을 재무분석이라고 하는데 여기서 재무 자료는 경영의 결과이므로 그 분석은 경영 분석에 속한다.

경영 분석은 기업의 경영 자료를 분석해 경영 상태를 파악하고 미래의 재무적 성과를 예측하려는 것이다.

재무 자료라고 하면 재무제표가 기본인지라 이를 토대로 경영 상태나 재무 상태를 분석하는 분야를 특별히 재무제표 분석이라고 한다. 재무제표 분석은 기업이 결산 후 발표하는 재무제표를 이용해 기업을 평가하는 것이다.

비즈니스는 통상 다음과 같은 기준으로 평가한다.

1) 수익성Profitability

기업의 높은 수익성은 재투자를 통해 높은 성장을 가능하게 하고, 주주들에게 높은 배당 지급을 가능하게 하며, 채권자들에게는 원금과 이자를 제대로 상환하게 하는 동시에 종업원들에게는 좋은 대우를 가능하게 한다.

2) 유동성Liquidity 또는 재무건전성

유동성은 단기에 현금화할 수 있는 가능성을 의미하는데, 아무리 수익성이 높은 기업이라 할지라도 유동성이 부족하여 단기 채무의 지급능력이 없으면 최악의 경우 흑자도산이 발생할 수 있다.

3) 활동성Activity 또는 생산성Productivity

기업에 투하된 자본이 일정 기간 중에 얼마나 활발하게 운용되었는가를 나타내는데 자본이나 자산 사용의 효율성을 보여주는 회전율 지표가 가장 대표적이다.

4) 성장성Growth 또는 지속 성장 가능성Sustainability

성장성은 일정 기간 동안 기업의 경영성과가 얼마나 향상되었는가를 의미하며, 성장성 비율은 기업의 경쟁력이나 성장 잠재력, 수익 창출 능력 등을 간접적으로 알려준다.

Q52. 비즈니스의 수익성이란?

기업의 높은 수익성은 재투자를 통해 높은 성장을 가능하게 하고, 주주들에게 높은 배당 지급을 가능하게 하며, 채권자들에게는 원금과 이자를 제대로 상환하게 하는 동시에 종업원들에게는 좋은 대우를 가능하게 한다.

수익성 비율은 당기순이익을 매출액, 총자산 및 자본의 비율로 나타낸다.

매출순이익률 = 당기순이익/매출액

총자산수익률 = 당기순이익/총자산

자기자본이익률 = 당기순이익/자본

Q53. 비즈니스의 유동성, 재무건전성이란?

유동성Liquidity은 단기에 현금화할 수 있는 가능성을 의미한다. 아무리 수익성이 높은 기업이라 할지라도 유동성이 부족하여 단기 채무의 지급능력이 없으면 최악의 경우 흑자도산이 발생할 수 있다.

기업의 유동성은 통상 유동비율Current Ratio로 평가한다. 기업이 사업을 지속적으로 영위하기 위해서는 부채를 제때 갚을 수 있는 충분한 현금이나 유동성 자산을 보유하고 있어야 한다. 유동비율은 외상매입금, 단기차입금, 미지급비용 등 통상 1년 이내에 만기가 돌아오는 부채를 상환할 능력을 보여준다.

유동비율 = 유동자산/유동부채

유동자산을 구성하는 개별 자산 중에서도 특히 유동성이 떨어지는 자산을 제외한 유동비율을 당좌비율Quick Ratio이라 한다.

당좌비율 = (유동자산 − 재고자산)/유동부채

기업이 자기자본만으로 사업을 영위하는 경우 도산 위험은 거의 없을 것이다. 그러나 막상 사업이 호황을 누릴 경우에는 자기자본만으로 사업을 하는 기업에 비해 부채를 활용하는 기업의 경우 이익이 크다고 할 수 있는데, 이는 부채에 대한 비용은 미리 정해진 금액이므로 사업이 호황을 누리면 누릴수록 자기자본의 출자자인 주주에게 돌아가는 몫이 급속하게 증가하기 때문이다. 이런 효과를 레버리지Leverage 효과라고 함은 앞서 공부한 바 있는데, 여기서 레버리지의 정도는 레버리지 비율로 측정한다.

그러나 지나친 레버리지는 사업이 어려울 경우 도산 위험을 증가시키므로 기업 입장에서는 기업가치를 극대화할 수 있는 적정한 수준의 레버리지를 유지하도록 노력해야 한다.

대표적인 레버리지 비율로는 부채비율Debt Ratio과 이자보상비율Interest Coverage Ratio이 있다.

부채비율 = 총부채/자본

이자보상비율 = (순이익 + 법인세 + 이자비용)/이자비용

부채비율은 총자산의 어느 정도가 부채에 의해 조달되었는가를 표시하고, 이자보상비율은 이자 및 세금을 납부하기 전의 이익Earnings Before Interest and Tax ; EBIT으로 이자비용을 지급하기에 얼마나 충분한지를 측정한다.

Q54. 비즈니스의 활동성이란?

활동성 비율은 기업이 자산을 얼마나 효율적으로 운용하고 단기부채를 얼마나 적절하게 관리하고 있는지를 보여주는 비율로 효율성 비율이라고도 한다. 따라서 매출채권, 재고자산, 매입채무, 나아가 고정자산과 총자산의 관리에 대한 평가를 가늠할 수 있다.

특히 매출채권, 재고자산 및 매입채무의 관리 능력은 회전율과 기간의 두 측면에서 살펴볼 수 있다. 예를 들어 매출채권회전율이 4.0이라고 하면 이는 당기 매출을 발생시키기 위해 1년에 외상매출이 4회전했다는 것인데, 다른 말로 1회전하는 데 소요된 기간이 3개월이었다는 뜻이다.

총자산회전율 = 매출액/총자산
고정자산회전율 = 매출액/고정자산
매출채권회전율 = 매출액/매출채권
매출채권회수기간 = (매출채권)(365)/매출액
매입채무회전율 = 매출액/매입채무
매입채무지불기간 = (매입채무)(365)/매출액
재고자산회전율 = 매출액/재고자산

Q55. 비즈니스의 성장성이란?

기업의 성장을 무엇으로 측정할 것인가에 대한 논의는 양적 · 질적 기준 등 여러 기준으로 살펴볼 수 있으나 통상 매출액이나 총자산의 증가율로 측정한다. 이때 증가율이란 일정 기간의 간격을 두었을 때의 전기 대비 증가율을 의미한다.

매출액증가율 = (당기매출액 − 전기매출액)/전기매출액

총자산증가율 = (당기총자산 − 전기총자산)/전기총자산

Q56. 방사형 차트를 활용한 재무비율 비교는 어떻게 하나요?

특정 기업의 재무비율은 다른 참고 대상의 재무비율과 비교했을 때 의미를 갖는다. 문제는 참고 대상을 누구로 할 것이냐는 것인데 통상 그 기업이 속해 있는 업종의 평균이나 업종에서 선도 역할을 수행하고 있는 기업이 참고 대상이 된다.

S상사의 재무비율과 산업 평균의 재무비율이 다음과 같다고 하자. 표와 숫자로 정리된 평면적인 비교는 쉽게 눈에 들어오지 않는다. 반면 방사형 차트를 활용하여 입체적인 분석을 하면 평가 기준별 재무분석 비교가 훨씬 쉽다.

신용평가표

	산업 평균	S상사
당좌비율	1.02	0.8082
유동비율	1.98	1.3824
부채비율	0.89	1.1407
고정비율	1.20	0.7713
매출채권회전율	4.24	3.9903
재고자산회전율	4.88	5.0966
고정자산회전율	3.99	3.7582
총자산회전율	1.15	1.3541
매입채무회전율	3.82	4.5702
매출액순이익률	0.0550	0.0603
총자산수익률	0.0785	0.0817

방사형 차트를 활용한 재무비율 비교

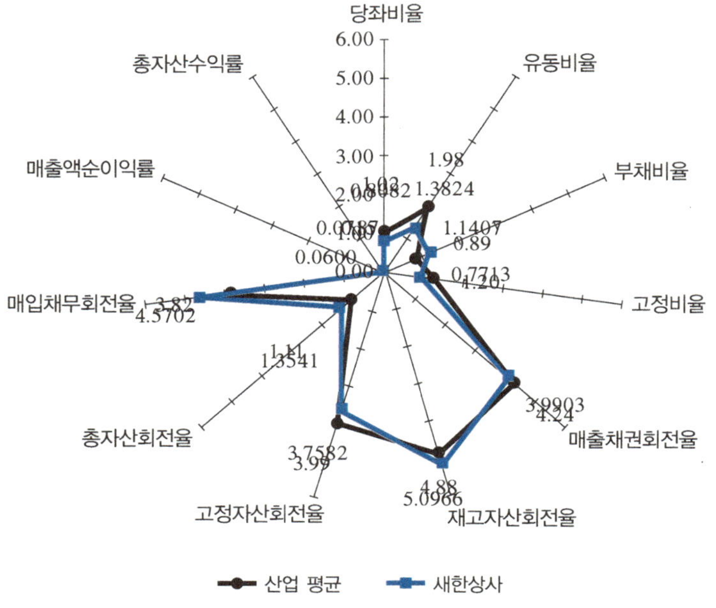

자료 : 『재무제표분석』(한국금융연수원, 2004)

Q57. 재무비율 분석의 한계는?

재무비율 분석은 재무제표 등의 공시된 자료를 이용하여 기업의 재무상태와 경영성과를 쉽게 효과적으로 분석할 수 있는 방법이다. 비율분석에 필요한 자료 수집에 따른 노력과 비용이 그다지 크지 않고 특별한 전문 지식 없이도 이용이 가능한 분석방법이다.[1]

그러나 재무비율 분석은 다음과 같은 한계를 갖고 있으므로 경영정보 분석자들은 이를 충분히 이해하여야 한다.

첫째, 재무비율 분석은 주로 회계자료와 같은 과거 자료를 이용하므로 상황 변화에 따른 미래 상태의 예측과 평가에는 한계가 있다.

둘째, 재무비율 분석의 주된 자료가 회계자료이므로 회계자료가 갖고 있는 한계점을 그대로 지니고 있다. 예를 들어 취득원가에 의하여 자산평가를 하고 있기 때문에 자산 가액價額의 평가가 올바르지 못하다.

셋째, 산출된 재무비율과의 비교 · 판단에 필요한 표준비율의 문제가 있다. 분석 대상 기업을 산업 평균이나 경쟁기업과 비교 · 분석할 경우에는 비교 대상이 되는 기업들이 서로 유사해야 의미가 있는데 단순히 동종 산업으로 분류되어 있다고 해서 모든 면에서 바로 비교하는 것은 문제가 있다.

1. 『신 경영분석』(남명수 · 김대호, 삼영사, 1999).

Q58. 분식회계가 뭔가요?

Wow ~ (깜놀) 저런 피부미인이 우리 학교에 있었다니 … 누구지?

엥 ~ 보라 누나 아냐? 얼굴이 완전 뽀얘져서 전혀 못 알아봤군. 근데 웬일이지 얼굴에 분칠을 다 하고? 오라~ 선우 만나러 가는구나. ㅎ

100미터 미인이란 말이 있다. 분칠 화장 덕에 멀리서 보면 미인이란 말이다. ㅎ

회계에서도 분칠을 한단다. 소위 분식회계! 분식회계? 분식집 비즈니스의 회계를 말하나? 여기서 분식粉飾은 밀가루 음식분식이 아니라 '실제보다 좋게 보이려고 사실을 숨기고 거짓으로 꾸민다' 는 뜻이다.

분식회계粉飾會計(window dressing)란 기업이 재정 상태나 경영 실적을 실제보다 좋게 보이게 할 목적으로 부당한 방법으로 자산이나 이익을 부풀려 계산하는 회계를 말한다. 이는 주주와 채권자들의 판단을 왜곡시킴으로써 그들에게 손해를 끼치기 때문에 법으로 금지되어 있지만, 공인회계사의 감사보고서를 통해서도 분식회계 사실이 제대로 밝혀지지 않는 경우가 많다. 아직 창고에 쌓여 있는 재고의 가치를 장부에 과대계상하는 수법, 팔지도 않은 물품의 매출전표를 끊어 매출채권을 부풀리는 수법, 매출채권의 대손충당금을 고의로 적게 잡아 이익을 부풀리는 수법 등이 주로 이용된다. 이와 반대로 세금 부담이나 근로자에 대한 임금 인상을 피하기 위해서 실제보다 이익을 적게 계상하는 경우를 역분식회계逆粉飾會計라고 한다.[2]

불황기에 특히 이러한 분식회계 수법이 자주 이용되는데, 주주 · 채권자들에게 손해를 끼치는 것은 물론, 탈세와도 관련이 있어 상법 등 관련 법규에서도 금지하고 있다. 한국에서는 IMFInternational Monetary Fund(국제통화기금) 사태 이후 기업들의

2. 두산백과(http://terms.naver.com/entry.nhn?docId=1208357&cid=40942&categoryId=31914).

영업실적이 악화되면서 분식회계가 급증하였다. 특히 대우그룹 김우중 회장의 41조원 분식회계 사실이 드러나 재무제표를 믿고 자금을 대출해 준 금융기관과 투자자, 일반 국민들이 엄청난 손해를 본 일이 있으며, 동아건설산업(주) 역시 이 문제로 사회를 떠들썩하게 하였다. 미국의 엔론 사태[2001]나 대우조선해양 사태[2016]도 분식회계의 좋은 예이다.

분식회계를 방지하기 위한 장치로서 회사는 감사를 두어야 하고, 외부 감사인인 공인회계사에게 회계감사를 받아야 한다. 분식회계를 제대로 적발하지 못한 회계법인에 대하여는 영업정지 또는 설립인가 취소의 처분을 내릴 수 있다. 분식회계된 재무제표를 보고 투자하여 손해를 본 투자자나 채권자는 손해배상 청구소송을 할 수 있다. 2007년 1월부터는 분식회계에 대한 집단소송제가 적용되고 있다.

Q59. 성공이란?

우리 모두는 성공을 바라는데 도대체 성공적인 삶이란 무엇일까? 우리 각자의 성공의 정의가 다른 까닭에 획일화된 성공의 정의는 있을 수 없겠다. 시쳇말로 잘 먹고 잘사는 게 성공일까? 명문 대학에 진학하여 일류 기업에 입사하고 사회적으로 잘나가는 집안의 배우자를 만나 결혼하는 게 성공의 전부일까? 오늘날의 세태가 그러하다 보니 머리 좋고 이재에 밝고 인간관계에 능한 친구들을 우리는 보통 성공하고 출세했다고들 한다. 그러나 과연 그런 것들만이 성공의 잣대일까?

동서고금의 많은 이들의 의견을 종합하여 소위 성공의 요소들을 다섯 가지로 정리해 보았다. 소위 F-H-E-I-R. 우리가 잘 아는 IQ Intelligence Quotient와 EQ Emotional Quotient 외에 이재理財에 해당하는 FQ Financial Quotient, 영육 간의 건강을 헤아리는 HQ Health Quotient, 또 인간관계를 나타내는 RQ Relationship Quotient를 포함한다. 길게 보고 두루두루 좋은 사회성을 유지하는 건강하고 현명한 이들을 성공한 사람으로 보고자 하는 것이다. 그렇다면 소위 F-H-E-I-R을 위협하는 여러 리스크들이 개인 리스크에 해당될 것이며 이들을 제대로 관리하는 것이 우리가 성공하기 위한 개인 리스크 관리 전략이 될 수밖에 없다.

1) 건강 리스크

건강의 중요성은 아무리 강조해도 지나침이 없다. 신체가 건강해야 정신이 맑아지고 자신이 하는 일에 집중하여 성과를 낼 수 있다. 더구나 100세 시대를 맞은 우리에게 건강만큼 훌륭한 노후 대책은 없지 싶다. '젊어서는 돈을 벌기 위해 건강을 해치고, 늙어서는 잃은 건강을 되찾기 위해 돈을 쓴다'는 말은 평소 바쁘게 사는 통에 건강에 신경을 쓰지 못하고 사는 많은 현대인들에게 건강 리스크 관리의 뼈아픈 교훈이 된다.

건강만큼 단기에 효과 내기가 어렵고 건강만큼 장기적으로 효과적인 투자는 없겠다. 따라서 젊어서부터 평소에 건강관리에 힘쓰고, 불의의 사고로 건강을 해치는 경우에 대비하는 건강 리스크 관리가 절대적으로 필요하다.

신체적 건강 못지않게 정신적 건강 또한 매우 중요하다. 건강한 가정에서, 건강한 학교에서, 건강한 사회에서 지성, 감성, 도덕성을 갖춘 건강한 사회인이 양성된다. 각자의 핵심 역량을 발휘하여 비전을 추구하며, 역경에도 굴하지 않고 다시 일어나 더욱 지혜롭고 건강하게 살아가며, 자기 발전을 위해 애쓰는 동시에 주위의 어려운 이웃도 돌아볼 줄 아는 따뜻한 심성을 가진 건강한 사회인이 성공한 사람이다.

정신 건강의 향상을 위해서는 믿음 생활도 큰 도움이 되겠다.

2) 재산 리스크

여기서 재산이라 함은 유형 재산과 무형 재산을 망라한다. 동산 및 부동산뿐만 아니라 지식이나 신뢰 등의 무형 재산이 성공적인 삶을 위한 개인에게 큰 영향을 미친다. 의식주衣食住를 위해 당장에 필요한 재산도 있고 장기적인 차원에서의 재무관리Financial Planning의 중요성 또한 날로 커지고 있다.

사회가 성장하면서 우리는 가진 것들이 무척 많아졌다. 집, 자동차, 가구 등을 소유하고 예금, 증권, 보험, 연금 등의 금융상품에 투자하고 있는데 사회가 복잡해지면서 우리가 소유하고 투자하고 있는 재산과 관련한 리스크도 덩달아 커지고 있다. 많은 이들이 재산을 불리는 데 치중하다 보니 제대로 된 재산관리에 소홀하다. 자신의 핵심 역량을 공고히 하고 각자의 비전을 추구하는 데에 필요한 자기계발, 커리어 관리, 은퇴설계 등의 무형 재산 관리도 더 없이 중요하다. 자기가 어떤 사람인지를 파악하고 자기의 탤런트를 찾아내어 자기가 진정 즐길 수 있는 일을 열심히 오랫동안 건강하게 할 수 있다면 그 이상으로 성공적인 인생이 또 있겠는가?

3) 가정 리스크

수신제가치국평천하修身齊家治國平天下라는 말이 있듯이 자기 스스로를 수양하지도 않고 제 집안도 제대로 다스리지 못하는 사람이 어찌 사회의 지도자라 할 수 있겠는가? 아무리 재산이 많고 신체 건강한 사람이라도 자기 가정이 시끄러우면 결코 행복할 수 없다. 그래서 우리는 부부 간에 화목하고, 건강한 자녀 교육에 힘쓰며, 부모 봉양에 애쓰고, 형제 간에 우애를 돈독히 해야 한다. 이는 우리 스스로를 위해서이다.

우리 사회가 핵가족화하면서 옛날과 같은 대가족의 친목이나 공제共濟의 미덕이 많이 사라졌다. 그 대신 필요 이상으로 형제 간에 얽히고설키어 문제가 되레 커지는 위험 또한 많이 줄었다고 하겠다. 그럼에도 불구하고 오늘날 적지 않은 가정에서 부자 간에, 형제 간에 특히 재산 관련하여 심각한 다툼이 벌어지고, 경우에 따라 관계를 회복하기 어려울 지경으로 사태가 커지곤 한다. 어찌해야 하나?

가화만사성家和萬事成이다. 적어도 자기 가정은 지켜야 한다. 부부가 갈라서는 우는 범하지 말자. 자기 자녀를 팽개치는 몰상식은 범하지 말자. 자신을 낳고 길러주신 부모는 버리지 말자. 나아가 가까운 친지들의 신뢰를 잃는 우는 범하지 말자.

성공적인 삶을 위한 FHEIR Quotient

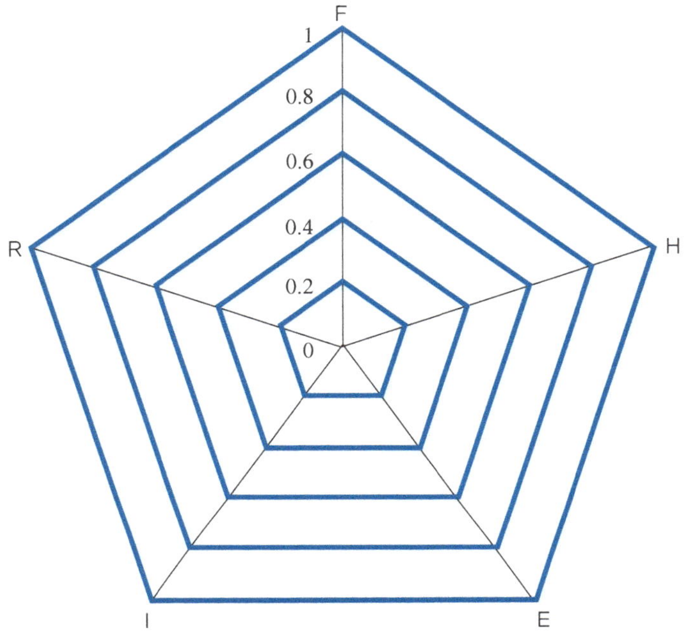

Q60. 재무 및 회계는 우리 경제에서 어떤 중요한 역할을 하나요?

금융金融, 즉 자금의 융통은 사람 몸의 피와 같은 역할을 한다. 사람은 피가 없거나 피가 몸에 제대로 돌지 않으면 죽는다. 마찬가지로 우리 사회에 돈이 부족하거나 제대로 돌지 않으면 경제는 망한다.

기업의 입장에서 재무라 함은 투자와 자본 조달을 의미한다. 기업가치 극대화를 추구하는 영리기업은 부단히 투자를 해야 하고 투자에 필요한 자금을 조달해야 한다.

한편, 회계는 이와 같은 돈의 흐름을 체계적으로 관리하는 시스템이다. 돈이 어떻게 들어오는지 또 어떻게 나가는지를 체계적으로 정리하지 않으면 기업 운영이 방만해질 수밖에 없고 기업은 큰 어려움에 직면하기 십상이다.

기업가치↑ ← 좋은 투자 @수익률↑ ← 자본 조달 @자본비용↓

〈CASE〉

다음 KU주식회사의 재무상태표 및 손익계산서 내용을 바탕으로 재무비율 기준에 따라 경영성과를 분석하시오.

재무상태표

1993년 12월 31일 현재
1994년 12월 31일 현재

(단위: 백만원)

계정과목	1993	1994
자 산		
I. 유동자산	**49,455**	**54,815**
(1) 당좌자산	42,610	47,617
1. 현금과 예금	4,788	5,345
2. 유가증권	7,500	10,572
3. 외상매출금	20,738	22,392
4. 받을어음	7,004	7,563
5. 기타	2,580	1,745
(2) 재고자산	6,254	6,680
1. 상·제품, 반제품	3,766	4,512
2. 재공품	819	465
3. 원부재료	1,659	1,570
4. 기타	10	133
(3) 기타유동자산	591	518
1. 선급금	44	45
2. 선급비용	547	473
II. 투자와 기타자산	**8,335**	**8,144**
(1) 투자자산	1,846	880
1. 장기성 예금	1,559	593
2. 투자유가증권		
3. 출자금	287	287
4. 기타		
(2) 기타자산	6,489	7,264
1. 특정 현금과 예금	273	603
2. 전화가입권	51	58
3. 예치보증금	1,016	1,165
4. 퇴직보험 예치금	5,149	5,438
III. 고정자산	**9,225**	**8,772**
(1) 유형고정자산	9,201	8,745
1. 토지	2,936	2,936
2. 건물·구축물	5,062	4,785
3. 기계장치	664	512
4. 차량운반구	187	139
5. 공구·기구·비품	340	360
6. 건설가계정	12	13
(감가상각충당금 계)	3,875	4,689
(2) 무형고정자산	24	27
IV. 이연자산	**188**	**257**
자산 총계	67,203	71,988

계정과목	1993	1994
부 채		
I. 유동부채	30,167	31,225
1. 외상매입금	3,666	3,979
2. 지급어음	487	528
3. 단기차입금	17,658	17,351
4. 미지급금	826	1,065
5. 유동성 장기부채	5,307	5,303
6. 기타	2,223	2,999
II. 고정부채	15,357	15,881
1. 사채	7,536	7,280
2. 장기차입금	999	682
3. 퇴직급여충당금	6,691	7,675
4. 기타	131	244
부채 총계	**45,524**	**47,106**
자 본		
I. 자본금	7,000	7,350
II. 자본잉여금	900	900
(재평가적립금)		
III. 이익잉여금	13,779	16,632
(수정후이월이익잉여금)	52	175
(당기순이익)	1,333	3,099
자본총계	**21,679**	**24,882**
부채와 자본 총계	67,203	71,988

손익계산서

1993년 1월 1일부터 1993년 12월 31일까지
1994년 1월 1일부터 1994년 12월 31일까지

(단위: 백만원)

계정과목	1993	1994
I. 매출액	50,845	54,712
II. 매출원가	23,233	23,529
기초재고	2,663	3,766
당기제조원가	22,629	22,445
기말재고	3,766	4,512
기타원가	1,707	1,830
III. 매출총이익	27,612	31,183
IV. 판매비와 일반관리비	18,232	18,497
V. 영업이익	9,380	12,686
VI. 영업외수익	2,112	2,521
수입이자와 할인료	2,035	2,400
수입배당금	52	59
유가증권처분익		18
외환차익		1
기타	25	43
VII. 영업외비용	8,690	9,673
지급이자와 할인료	2,081	2,334
사채이자	1,877	1,779
이연자산상각	186	105
외환차손	1	1
기타	4,545	5,454
VIII. 경상이익	2,802	5,534
IX. 특별이익	7	19
X. 특별손실	8	3
XI. 법인세차감전순이익	2,801	5,550
XII. 법인세 등	1,468	2,456
당기순이익	1,333	3,094

주요 재무비율

유동성 비율	1993	1994
유동자산	49,455	54,815
당좌자산	42,610	47,617
유동부채	30,167	31,225
당좌비율	141.25	152.50
유동비율	163.94	175.55

레버리지 비율		
유동부채	30,167	31,225
고정부채	15,357	15,881
자본	21,679	24,882
이자비용	3,958	4,113
법인세	1,468	2,456
당기순이익	1,333	3,094
부채비율	209.99	189.32
이자보상비율	170.77	234.94

안정성 비율		
고정자산	9,225	8,772
투자와기타자산	8,335	8,144
고정부채	15,357	15,881
자본	21,679	24,882
고정비율	81.00	67.98
고정장기적합률	47.41	41.50

성장성 비율		
매출액	50,845	54,712
총자산	67,203	71,988
매출액증가율		7.61
총자산증가율		7.12

수익성 비율		
매출액	50,845	54,712
매출총이익	27,612	31,183
당기순이익	1,333	3,094
총자산	67,203	71,988
자본	21,679	24,882
매출총이익률	54.31	56.99
매출순이익률	2.62	5.66
총자산수익률		4.45
자기자본이익률		13.29

활동성 비율	1993	1994
매출액	50,845	54,712
매출원가	23,233	23,529
매출채권	27,742	29,955
재고자산	6,254	6,680
고정자산	9,225	8,772
총자산	67,203	71,988
매입채무	4,153	4,507
총자산회전율		0.79
고정자산회전율		6.08
매출채권회전율		1.90
매출채권회수기간		192.46
재고자산회전율		8.46
재고투자기간		43.14
매입채무회전율		12.64
매입채무지불기간		28.89

DHC 라이브러리

Integrated Risk Management 통합 리스크 관리

Neil A. Doherty 지음
McGraw-Hill | 2000년

Strategies for ENTERPRISE RISK MANAGEMENT - Synthesizing Insurance and Capital Market Risk. Risk management is an integral part of today's business arena. As we enter the 21st century, unprecedented global competition and razor-thin margins make the effective management of financial risk essential to corporate value, success - and survival. Integrated Risk Management combines today's best insurance and financial risk management strategies and products into innovative, effective solutions for managing a corporation's exposure to financial risks. Timely, comprehensive research and case studies show how today's corporation can use the technology of both finance and insurance to address the whole range of corporate risks - financial, insurable, operational, and business. Turn to Integrated Risk Management for discussions and recommendations that include: *Hedging strategies to remove risk versus restructuring strategies to accommodate risk. *In-depth examination of postloss investment decisions under different financing assumptions. *Detailed instructions on how and why to bundle contingent financing and leverage tools: insurance, options, convertible debt, and more. By combining the best of the two approaches to risk management - insurance and financial - Integrated Risk Management develops practical solutions for today's evolving and increasingly complex risk environment. Its integrated approach addresses multiple sources of risk in a coordinated strategy, and explains how to use today's most efficient techniques to successfully manage risk in the corporate environment.

자료 : https://www.amazon.com/Integrated-Risk-Management-Techniques-Strategies/dp/0071358617/ref=sr_1_3?ie=UTF8&qid=1468285465&sr=8-3&keywords=corporate+risk+management+neil+doherty

부록

국제재무 기초

A.1 국제통화제도와 외환시장

A.2 외환시장 메커니즘

A.3 선물환과 통화선물

A.4 통화옵션

A.5 통화스왑

A.6 국제자본 조달

A.7 국제 포트폴리오 투자

A.1 국제통화제도와 외환시장

1. 국제통화제도

국제통화제도International Monetary System란 국가 간 재화나 자본의 이동에 따른 지불을 원활히 수행할 수 있게 하는 금융결제시스템을 의미한다.

국제통화제도는 금본위제도Gold Standard System, 금환본위제도Gold-Exchange Standard System, 달러U$본위제도 성격의 브레튼우즈 체제Bretton Woods System를 거쳐 1973년 이후 변동환율제도로 발전되었다. 금 1온스당 U$35의 태환을 보장했던 브레튼우즈 체제는 1971년 8월 미국 닉슨 대통령의 금태환 정지로 사실상 붕괴되었고, 1973년 이후 국제통화제도는 변동환율제도가 중심이 되었다. 변동환율제도의 등장을 배경으로 환리스크에 대한 관심이 높아지고 파생금융상품 개발을 중심으로 한 리스크 관리 기법이 급속히 발전하게 된다.

〈그림 A1-1〉 국제통화제도의 변천

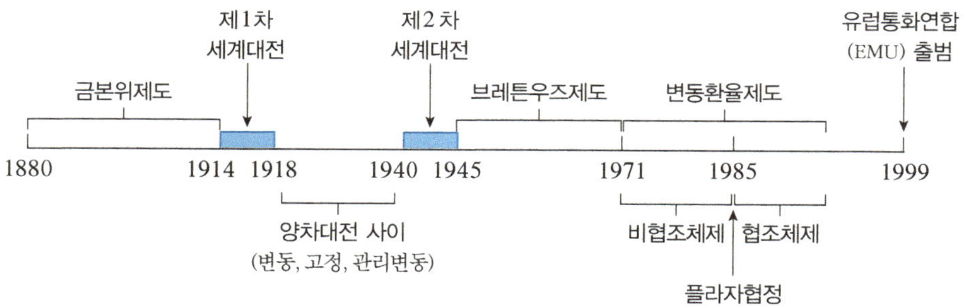

자료 : 『국제금융론』(2012), p.454.

2. 우리나라의 환율제도[1]

우리나라는 지난 1945년 10월 1일 고정환율제도를 도입했는데 당시 미국 군정 당국의 공정 환율은 달러당 15원이었다. 6.25전쟁 이후 지속적인 물가상승으로 원화의 평가절하가 불가피했는데, 드디어 1964년 5월 3일 단일변동환율제도로 바뀌었으며 당시 환율은 달러당 255원이었다. 그 후 국내물가 상승으로 네 차례1969, 1971, 1974, 1980년에 걸쳐 집중기준율을 인상했지만 환율은 물가상승률을 제대로 반영치 못한데다 국제수지 조정기능도 떨어져 1980년 2월 27일 미국 달러화뿐 아니라 주요 교역상대국 통화의 국제 시세에 원화 환율을 연동하는 복수통화바스켓제도를 채택하게 되었다.

그러나 미국을 중심으로 한 선진국들이 우리 정부가 환율을 조작한다는 의혹을 제기하며 통상 압력을 가해오자 정부는 1990년 3월 2일자로 시장평균환율제도를 도입했다. 시장 평균 환율은 미국 달러화에 대한 원화의 교환비율로 금융결제원을 경유해 외국환 은행 간에 거래된 현물환율과 거래액을 가중 평균해 산출되었다. 시장평균환율제도가 처음 도입됐을 때는 하루 환율변동폭이 상하 0.4%에 불과했으나 이후 여섯 차례± 0.6 → 0.8 → 1.0 → 1.5 → 2.25 → 10%에 걸쳐 하루 변동폭이

표 A1-1 우리나라 환율제도의 변천

<table>
<tr><td>1945년 10월 1일</td><td>고정환율제도</td><td>1991년 9월</td><td>변동폭 ±0.6%</td></tr>
<tr><td>1964년 5월 3일</td><td>단일변동환율제도</td><td>1992년 7월</td><td>변동폭 ±0.8%</td></tr>
<tr><td rowspan="3">1980년 2월 27일</td><td rowspan="3">복수통화바스켓 방식에 따른 변동환율제도</td><td>1993년 10월</td><td>변동폭 ±1.0%</td></tr>
<tr><td>1994년 11월</td><td>변동폭 ±1.5%</td></tr>
<tr><td>1995년 12월</td><td>변동폭 ±2.25%</td></tr>
<tr><td rowspan="2">1990년 3월 2일</td><td rowspan="2">시장평균환율제도 도입 ; 시행 초기 하루 환율변동폭 ±0.4%</td><td>1997년 11월 20일</td><td>변동폭 ±10%</td></tr>
<tr><td>1997년 12월 16일</td><td>완전변동환율제
(하루 변동 상하한폭 철폐)</td></tr>
</table>

1. 『주간 매경』(1997. 12. 31) 기사 참고.

상향 조정되었다. 1997년 12월 16일 외환위기 상황에서 우리는 완전변동환율제를 도입하게 된다.

1997년 11월 말 IMF 구제금융 신청 이전에 원화의 대미 달러 환율은 1,000원 미만이었으나 외환위기 상황에서 1997년 12월 중순 1,800원 수준으로 급격히 올라간 바 있다.

〈그림 A1-2〉 외환위기 전후 대미 달러 원화 환율 추이

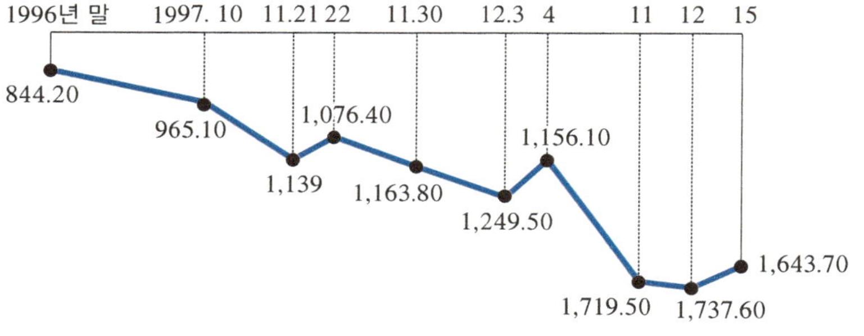

대미 평균 환율(1990년 1월 ~ 2003년 12월)

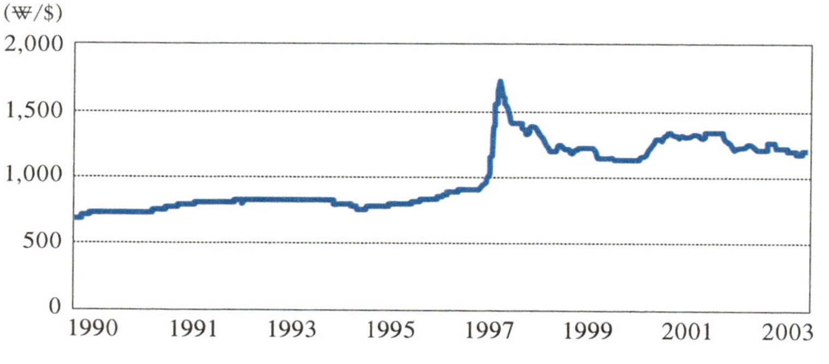

자료 : 한국은행

3. 외환시장

외환시장은 대규모 도매시장이다. 전 세계적으로 하루 24시간 가동되는 국제 외환시장은 국제상업은행을 위시한 많은 대형 시장 참여자들이 거래하는 효율적인[efficient] 시장이다. 국제외환시장의 하루 평균 거래규모는 2019년 4월 현재 6조 5,900억 달러[U$]에 달한다.

표 A1-2 국제외환시장 일평균 거래규모 추이 (단위 : 십억 달러)

	1998	2010	2013	2016	2019
현물환	568	1,489	2,047	1,652	1,987
선물환	128	475	679	700	999
외환스왑 등	831	2,009	2,631	2,714	3,604
총계	1,527	3,973	5,357	5,066	6,590

자료 : 국제결제은행(BIS).

국제상거래에 따른 대금결제 외에 외환시장 참여의 목적은 다음과 같다.

① 환리스크 회피를 위한 헷징[Hedging]
② 환율 차이를 이용하여 시세차익을 꾀하는 차익거래[Arbitrage]
③ 적극적인 시장 개입을 통하여 이익을 추구하는 투기[Speculation]

여기서는 차익거래[Arbitrage]의 예를 들어보기로 한다. 동일 시점에 미달러와 유로화 사이의 환율이 뉴욕 외환시장과 프랑크푸르트 외환시장에서 각각 다음과 같다고 가정해 보자.

뉴욕 :	1.2406U$/€	(또는 0.8061€/U$)
프랑크푸르트 :	0.8050€/U$	(또는 1.2422U$/€)

동일한 통화인 유로화에 대하여 뉴욕 시장에서의 가격과 프랑크푸르트 시장에서의 가격이 위에서와 같이 다르다면 차익거래를 통하여 이득을 취할 수 있게 된다. 상대적으로 유로화의 가격이 싼 뉴욕에서 유로화를 사고 동시에 프랑크푸르트 시장에서 유로화를 팔게 되면 이득이 생긴다. 같은 이치로 상대적으로 미달러화가 싼 프랑크푸르트 시장에서 미달러를 사고 동시에 뉴욕에서 달러를 팔게 되면 이득을 챙길 수 있다. 이와 같이 동일한 재화에 대하여 여러 시장에서 상이한 가격이 형성되어 있다면 '싸게 사서 비싸게 파는Buy Low, Sell High' 차익거래Arbitrage를 통하여 이득을 취할 수 있다. 그러나 소위 말하는 효율적인efficient 시장에서는 이런 차익거래를 통하여 금전적 이익을 취할 수 있는 상황은 오래 지속될 수 없는데, 이는 가격 차이에 의한 수요 · 공급의 변화에 따라 균형 상태로의 조정이 빠르게 이루어지기 때문이다.

외환시장의 효율성은 소위 '삼각재정Triangular Arbitrage'으로 설명될 수 있다. 삼각재정은 서로 다른 세 통화 간의 환율 관계가 다음 식을 만족시키는 상황을 의미한다.

$$S_{ab} \times S_{bc} \times S_{ca} = 1.0$$

여기서 S_{ab} = 통화 a, b 간의 환율

S_{bc} = 통화 b, c 간의 환율

S_{ca} = 통화 c, a 간의 환율

외환거래의 형태로는 현물거래Spot Trading, 선물거래Forward Trading, 스왑거래FX Swap Trading가 있는데 통상 현물환율Spot Rate은 S_0로 선물환율Forward Rate은 $F_{0,t}$로 나타낸다. S_0는 $t = 0$현재시점의 현물환율을 의미하며, $F_{0,t}$는 미래 시점 $t = t$에 통화 간의 교환이 이루어지는 거래에 있어 $t = 0$현재시점에 정해진 선물환율을 의미한다.

선물환율 $F_{0,t}$에 선물거래를 하는 경우를 생각해 보자. 롱매입포지션을 취하는

거래자의 경우는 만기 시점의 현물환율이 $F_{0,t}$를 상회할 것으로 예상하고 그에 따른 차익 실현을 기대하며, 숏매도포지션을 취하는 거래자의 경우는 만기 시점의 현물환율이 $F_{0,t}$를 하회할 것으로 기대한다. 두 포지션의 합은 정확하게 '0'이 되는 바 소위 제로섬zero sum 상황이 되는 것이다.

선물거래의 만기 이전에 반대매매를 통하여 원래의 포지션을 정리할 수도 있는데 이런 반대매매를 통하여 그때까지의 이익을 실현하거나 예상되는 손실을 줄일 수도 있다. 그러나 선물환Forward 거래의 경우 반대매매를 위한 거래상대방을 찾기가 매우 어렵다는 문제가 있는바 이 문제는 통화선물Futures 시장의 정형화된 거래를 통하여 상당 부분 해결이 가능하다.

〈그림 A1-3〉 선물환 롱 · 숏 포지션의 손익구조

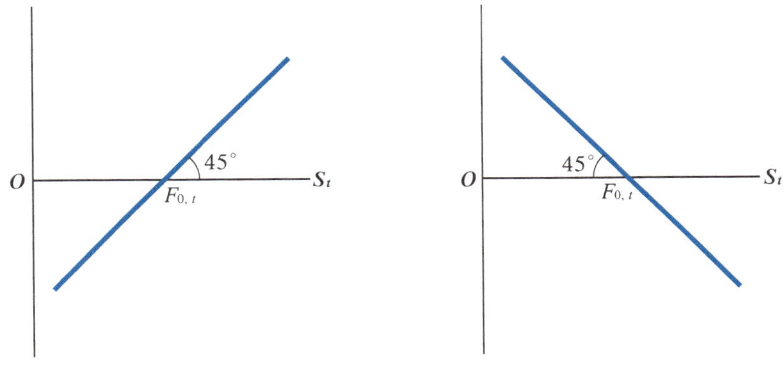

(a) 선물환 롱포지션 (b) 선물환 숏포지션

4. 선물환 할증 · 할인

선물환 할증 · 할인Forward Premium/Discount은 다음 식으로 설명된다.

$$\frac{(F_{0,t} - S_0)}{S_0} \times \frac{12}{m} \times 100$$

여기서 m = 선물거래 기간(월 수)

결과가 +이면 기준 통화는 비교 통화에 대해 할증되어 거래된다고 말하며, 결과가 −이면 기준 통화는 비교 통화에 대해 할인되어 거래된다고 말한다. 예를 들어 미달러화가 영국의 파운드화와 유로화에 대하여 다음과 같은 현물환율과 선물환율[1년물]을 갖고 있다고 하자.

	£/U$	€/U$
S_0	0.5668	0.8061
$F_{0,t}$	0.6000	0.7900

이 경우 미달러화는 파운드화에 대하여 $\frac{(0.6000-0.5668)}{0.5668}\times\frac{12}{12}\times 100=$ +5.86%, 즉 5.86% 할증 상태, 유로화에 대하여 $\frac{(0.7900-0.8061)}{0.8061}\times\frac{12}{12}\times 100=$ −2.0%, 즉 2.0% 할인 상태에 있다.

A.2 외환시장 메커니즘

1. 물가-이자율-환율 평가平價 관계

완전한perfect 또는 효율적인efficient 시장을 가정하고 물가-이자율-환율 간의 평가平價(parity) 관계에 대하여 검토해 보기로 한다. 우선 완전한또는 효율적인 시장은 다음과 같은 특성을 갖고 있다. 완전한 시장은 ① 완전경쟁적이고, ② 시장 정보가 시장 참여자들 사이에 완전하게 공유되며, ③ 세금 및 거래비용, 규제가 없는 시장을 말한다.

이와 같은 완전한 시장에서는 소위 말하는 '일물일가의 법칙Law of One Price' 이 지켜진다. 실물시장, 금융시장을 막론하고 하나의 상품에 대해서는 하나의 가격이 있게 되므로 차익거래에 따른 이득 발생의 가능성이 없다. 따라서 다음의 관계들이 성립된다.

① 피셔 효과 $i_n - i_n^* = \pi - \pi^*$

② 구매력 평가 $\dfrac{(S_t^e - S_0)}{S_0} = \pi - \pi^*$

③ 이자율 평가 $\dfrac{(F_{0,t} - S_0)}{S_0} = i_n - i_n^*$

④ 국제 피셔 효과 $\dfrac{(S_t^e - S_0)}{S_0} = i_n - i_n^*$

여기서 i_n = 명목이자율즉, 실질이자율 + 물가상승률

i_n^* = 외국의 명목이자율

π = 물가상승률

π^* = 외국의 물가상승률

S_0 = 현재$t=0$의 현물환율

S_t^e = 미래$t=t$의 예상 현물환율

$F_{0,t}$ = 선물환율

〈그림 A2-1〉 물가-이자율-환율 평가 관계

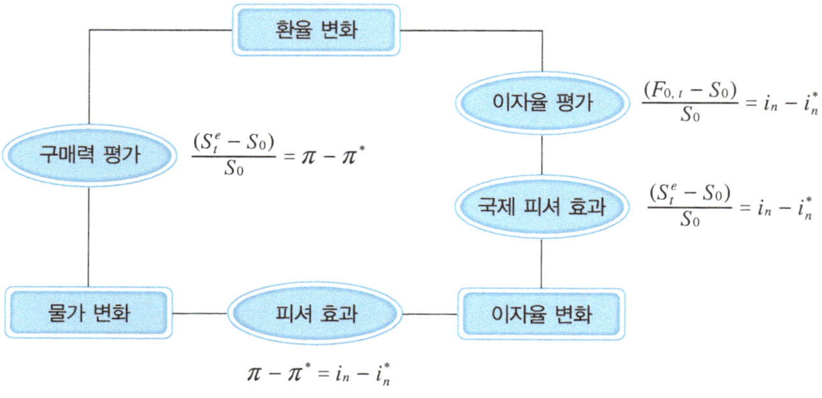

2. 피셔Fisher 효과

시장이 균형 상태에 있을 때 물가와 이자율 간의 관계에 대하여 분석해 보기로 한다.

우선, 명목이자율은 실질이자율과 물가상승률의 합이다. 즉, $i_n = i_r + \pi$. 또 일물일가의 법칙이 준수되는 완전한 금융시장에서는 국내 및 외국의 실질이자율이 같을 수밖에 없다. 즉, $i_r = i_r^*$. 특정 시점에 양국 간 실질이자율의 차이가 있게 되면 수요 · 공급의 변화에 따라 빠르게 조정이 이루어져 (실질이자율이 일치하는) 균형 상태로 돌아가게 된다. 이 경우

국내 : $i_n = i_r + \pi$ (1)

외국 : $i_n^* = i_r^* + \pi^*$ (2)

(1) 식에서 (2) 식을 빼고 정리하면 다음과 같은 피셔 효과 식을 얻을 수 있다.

$$i_n - i_n^* = \pi - \pi^*$$

시장이 균형 상태에 있을 때 양국 간 명목이자율의 차이는 양국 간 물가상승률의 차이와 같다.

3. 구매력 평가平價

구매력 평가Purchasing Power Parity ; PPP에 따르면 동일한 상품은 완전한 시장에서 하나의 가격을 갖게 된다. 그렇지 않으면 차익거래를 통하여 금전적 이익을 취할 수 있는데 이는 시장의 완전성에 부합하지 않는 것이다. 구매력 평가가 성립하는 경우 특정 기간 동안의 환율의 변화는 양국 간 물가상승률의 차이와 일치하게 된다.

$$\frac{(S_t^e - S_0)}{S_0} = \pi - \pi^*$$

예를 들어 동일한 형태와 성능의 볼펜이 한국과 미국 양국에서 판매되고 있다고 하자. 특정 시점, 예를 들어 1월 1일 한국에서는 1,000원에, 미국에서는 U$1에 판매되었고 양국 간 환율은 1,000원/U$이었다고 하자. 1월 1일 현재 구매력 평가가 성립함을 알 수 있다. 1년이 지난 12월 31일 현재 볼펜의 가격이 미국에서는 변함 없이 U$1인데 한국에서는 2,000원으로 올랐다고 하면 볼펜 가격을 기준으로 하는 물가상승률은 미국이 0인 반면 한국의 물가상승률은 100%가 된다.

이런 경우 환율이 1월 1일 수준인 1,000원/U$에 머물러 있게 되면 차익거래에 따른 이윤 획득의 기회가 발생한다. 상대적으로 볼펜 값이 싼 미국에서 볼펜을 구입, 한국에서 팔게 되면 이득을 보게 된다. 이런 과정에서 미달러화는 강세를 보이게 되고 한국의 원화가치는 떨어지게 되는데 2,000원/U$ 수준에서 더 이상의 움직임이 없는 균형 상태가 회복된다.

표 A2-1 구매력 평가와 빅맥지수

2013 Big Mac Index

Country	Big Mac prices in local currency	Big Mac prices in dollars*	Implied PPP+ of the dollar	Actual dollar exchange rate January 2013	Under (-)/ over (+) valuation against the dollar, %
Argentina	20.00	4.64	4.77	4.31	10.47
Australia	4.80	4.94	1.14	0.97	17.61
Brazil	10.25	5.68	2.44	1.81	35.30
Britain	2.49	3.82	0.59	0.65	-8.91
Canada	4.73	4.63	1.13	1.02	10.38
Chile	2050.00	4.05	488.42	506.05	-3.48
China	15.40	2.44	3.67	6.32	-41.90
Colombia	8400.00	4.54	2001.32	1852.15	8.05
Costa Rica	2050.00	4.02	488.42	509.54	-4.15
Czech Republic	70.22	3.45	16.73	20.37	-17.85
Denmark	31.50	5.37	7.50	5.86	28.04
Egypt	15.50	2.57	3.69	6.04	-38.83
Euro area	3.49	4.43	0.83	0.79	5.56
Hong Kong	16.50	2.12	3.93	7.77	-49.39
Hungary	645.00	2.63	153.67	245.69	-37.45
India	84.00	1.62	20.01	51.91	-61.44
Indonesia	22534.00	2.46	5368.79	9160.00	-41.39
Israel	15.90	4.13	3.79	3.85	-1.57
Japan	320.00	4.16	76.24	76.92	-0.88
Latvia	1.65	3.00	0.39	0.55	-28.57
Lithuania	7.80	2.87	1.86	2.72	-31.72
Malaysia	7.35	2.34	1.75	3.14	-44.22
Mexico	37.00	2.70	8.82	13.68	-35.58
New Zealand	5.10	4.05	1.22	1.26	-3.56
Norway	41.00	6.79	9.77	6.04	61.73
Pakistan	260.00	2.89	61.95	90.05	-31.21
Peru	10.00	3.71	2.38	2.69	-11.51
Philippines	118.00	2.68	28.11	44.01	-36.11
Poland	9.10	2.58	2.17	3.52	-38.41
Russia	81.00	2.55	19.30	31.77	-39.25
Saudi Arabia	10.00	2.67	2.38	3.75	-36.47
Singapore	4.85	3.75	1.16	1.29	-10.62
South Africa	19.95	2.45	4.75	8.13	-41.54
South Korea	3700.00	3.19	881.54	1158.75	-23.92
Sri Lanka	290.00	2.55	69.09	113.93	-39.35
Sweden	41.00	5.91	9.77	6.93	40.88
Switzerland	6.50	6.81	1.55	0.96	62.14
Taiwan	75.00	2.50	17.87	29.98	-40.40
Thailand	78.00	2.46	18.58	31.75	-41.47
Turkey	6.60	3.54	1.57	1.86	-15.59
UAE	12.00	3.27	2.86	3.67	-22.16
Ukraine	17.00	2.11	4.05	8.04	-49.63
United States	4.20	4.20	1.00	1.00	0.00
Uruguay	90.00	4.63	21.44	19.45	10.25
Venezuela	30.00	6.99	7.15	4.29	66.43
Austria	3.09	3.92	0.74	0.79	-6.60
Belgium	3.70	4.69	0.88	0.79	11.84
Estonia	2.04	2.59	0.49	0.79	-38.34
Finland	3.75	4.76	0.89	0.79	13.35
France	3.60	4.57	0.86	0.79	8.81
Germany	3.53	4.48	0.84	0.79	6.70
Greece	3.30	4.19	0.79	0.79	-0.25
Ireland	3.80	4.82	0.91	0.79	14.86
Italy	3.50	4.44	0.83	0.79	5.79
Netherlands	3.25	4.12	0.77	0.79	-1.77
Portugal	2.90	3.68	0.69	0.79	-12.34
Spain	3.50	4.44	0.83	0.79	5.79

자료 : *Economist.*

4. 이자율 평가平價

이자율 평가Interest Rate Parity ; IRP는 금융시장에서의 구매력 평가라고 이해할 수 있다. 동일한 금융상품은 완전한 시장에서 하나의 가격, 즉 특정 이자율을 갖게 된다. 그렇지 않으면 차익거래를 통하여 금전적 이익을 취할 수 있는데 이는 시장의 완전성에 부합하지 않는 것이다. 이자율 평가가 성립하는 경우 특정 기간 동안의 환율의 변화는 양국 간 명목이자율의 차이와 일치하게 된다.

$$\frac{(F_{0,t} - S_0)}{S_0} = i_n - i_n^*$$

예를 들어, 동일한 내용의 금융상품이 미국과 한국에서 판매되고 있다고 하자. 동 상품에 1년 동안의 투자를 통해서 투자자가 미국에서 얻게 되는 투자 수입투자액 U$1당은 U$1$(1 + i_n^*)$가 된다. 같은 투자자가 한국에서 동 금융상품에 투자하는 경우의 투자 수입은 $\frac{S_0(1 + i_n)}{F_{0,t}}$이 된다. 완전한 금융시장을 전제로 할 때 동일한 금융상품에의 투자를 통하여 얻게 되는 투자 수입은 같을 수밖에 없다.

$$(1 + i_n^*) = \frac{S_0(1 + i_n)}{F_{0,t}}$$

$$\frac{F_{0,t}}{S_0} = \frac{(1 + i_n)}{(1 + i_n^*)}$$

$$\frac{(F_{0,t} - S_0)}{S_0} = \frac{(i_n - i_n^*)}{(1 + i_n^*)}$$

$$\cong i_n - i_n^*$$

외환위기 직후인 1998년 초 우리나라의 명목이자율은 20%대의 높은 수준이었는데 이는 자본의 국외 유출을 막고 외국 자본의 유치를 위한 고금리 정책의 영향이 컸던 탓이다. 그러나 20%대의 고금리에도 불구하고 당시 외국 자본의 국내 유입 실적은 미미했는데 그 이유는 다음과 같이 이자율 평가 이론에 의해 분석할 수 있다.

1998년 1월 현재 한국의 명목이자율은 20%, 미국의 명목이자율은 6% 수준이었다고 하자. 한편, 당시 현물환율은 S_0 = 1,400원/U$, 선물환율[1년물]은 $F_{0,t}$ = 1,700원/U$이었다고 하자. 이런 상황에서 금리에 민감한 국제 투자자는 과연 한국에 투자할 의사가 있을까? 금리 수준만 놓고 본다면 당연히 한국에 투자하는 것이 유리하겠지만 투자 수입을 달러로 환산하는 시점의 환율, 즉 환리스크가 관건이 된다.

$$i_{KOR} - i^*_{US} = 20\% - 6\% = 14\%\text{p}$$

$$\frac{(F_{0,t} - S_0)}{S_0} = \frac{(1{,}700 - 1{,}400)}{1{,}400} \cong 21\%$$

이런 상황에서 한국에 투자하는 투자자는 14%p의 금리차익을 취할 수 있지만 21%의 환차손을 입게 되어 결국 투자 손실을 보게 된다. 불확실한 경제 상황에서 큰 폭의 원화 평가절하가 예상되면서 환차손이 금리차익을 능가하여 외국 자본

〈그림 A2-2〉 이자율 평가 관계

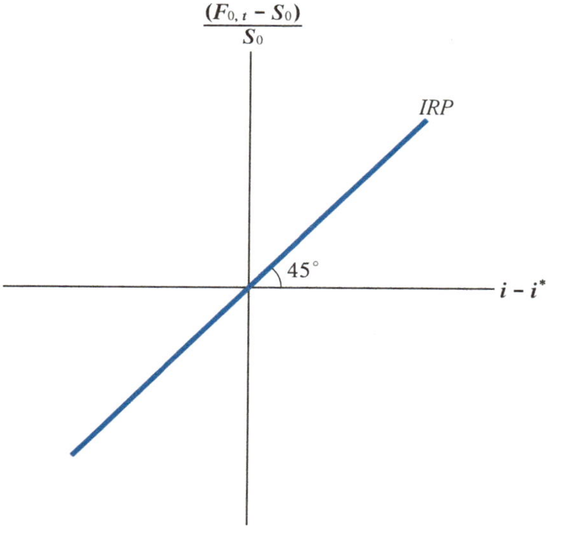

의 국내 유치에 어려움을 겪었던 것이다. 환율 안정의 중요성이 크게 부각되었던 좋은 예이다.

5. 국제 피셔 효과

국제 피셔International Fisher 효과 식은 피셔 효과 식과 구매력 평가 식을 통해서 얻을 수 있다.

피셔 효과 : $i_n - i_n^* = \pi - \pi^*$

구매력 평가 : $\dfrac{(S_t^e - S_0)}{S_0} = \pi - \pi^*$

각 식의 우변이 양국 간 물가상승률의 차이로 동일하기 때문에 이를 제하면 다음의 국제 피셔 효과 식을 얻게 된다.

국제 피셔 효과 : $\dfrac{(S_t^e - S_0)}{S_0} = i_n - i_n^*$

국제 피셔 효과가 의미하는 바는 완전한 시장에서 특정 기간 동안 예상되는 현물환율의 변화는 양국 간 명목이자율의 차이와 같다는 것이다.

국제 피셔 효과는 외형상 이자율 평가와 유사하나 이자율 평가가 금융시장과 외환시장 간의 균형을 확정적인 관계로 설명하는 데 반해, 국제 피셔 효과는 이들의 관계를 불확정적인 관계로 설명한다. 즉, 이자율 평가는 선물환으로 커버covered 된 차익거래를 보여주는 반면, 국제 피셔 효과는 커버되지 않은uncovered 투기거래를 보여준다.

A.3 선물환과 통화선물

1. 외환 파생상품

파생금융상품Financial Derivatives은 그 상품의 가치가 통화, 주식, 채권 등과 같은 기초자산underlying assets의 가격에 의해 결정되는 상품을 말한다. 파생금융상품은 계약 형태에 따라 Forward · Futures · Option · Swap 등으로 구분되며, 기초자산에 따라 통화 · 주가 · 금리 관련 상품 등으로 구분된다.

파생금융상품은 금융시장에서 매우 유용하게 쓰이는데 그 주된 기능들은 다음과 같다.[2] 첫째, 숏포지션을 취하기가 용이하고 거래비용이 낮기 때문에 헷징 및 투기에 매우 유용하다. 둘째, 기초자산 가치와의 가격차를 이용한 차익거래에 사용될 수 있다. 셋째, 선물거래소에서 거래되는 파생금융상품은 유동성이 뛰어나고 거래비용이 낮기 때문에 기초자산보다 값싸고 빠르게 포트폴리오를 조정할 수 있다. 또한 파생금융상품은 고객맞춤식의 상품 결합이 가능하기 때문에 기초자산만으로는 불가능한 방법으로 적기에 포트폴리오 조정이 가능하다.

외환 파생상품은 계약 형태에 따라 다음과 같은 상품들로 구분된다.

① 선물환Forward

② 통화선물Futures

③ 통화옵션Option

④ 통화스왑Swap

2. 『국제재무관리론』(1995) 참고.

2. 선물환과 통화선물

이제까지 우리는 선물환Forward 거래에 대해 살펴보았다. 선물환과 비슷한 개념의 파생상품으로는 통화선물Futures이 있는데 두 상품의 유사점과 차이점을 확실히 알아둘 필요가 있다. 이해를 돕기 위해 현실성이 떨어지긴 하지만 간단한 예를 들어 보기로 한다.

5월 10일 A와 B 사이에 다음과 같은 내용의 선물계약이 이루어졌다. 즉, 사흘 후인 5월 13일 A는 B에게 1,200원을 지불하고 U$1를 받기로 했다. 이 경우 미달러화에 대해서 A는 롱포지션을 취하고 B는 숏포지션을 취한 것이다. 계약 체결에 있어 신의성실의 원칙에 의거하여 계약당사자인 A, B 양자는 동 선물계약의 내용을 이행할 의무가 있다.

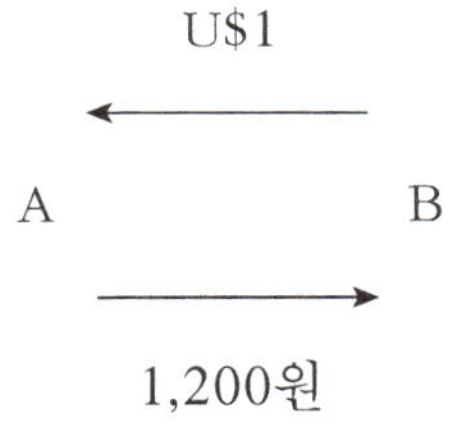

(1) 선물환 거래의 현금흐름

5월 10일　선물환계약 체결5월 13일, U$1와 1,200원 교환

5월 10일　(현금흐름 없음)

5월 11일　(현금흐름 없음)

5월 12일　(현금흐름 없음)

5월 13일　외환거래에 따른 현금흐름 발생

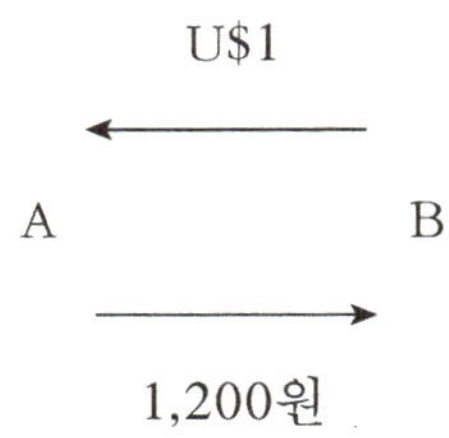

선물환 거래의 문제점은 계약불이행의 신용리스크credit risk가 존재한다는 점이다. 여하한 이유로 인해 일방이 계약의 내용을 충실히 이행하지 못할 때 상대방에게 적지 않은 피해를 입히게 된다. 이런 선물환 거래의 신용리스크 문제를 관리하기 위하여 개발된 파생상품이 통화선물Futures이다.

(2) 통화선물 거래의 현금흐름

우선, 거래 기간5월 10일~5월 13일 동안의 통화선물Futures 시장 종가가 다음과 같다고 가정하자.

5월 10일	5월 11일	5월 12일	5월 13일
1,195원/U$	1,191원/U$	1,197원/U$	1,198원/U$

계약 체결 시점부터 만료 시점까지의 통화선물Futures 거래 현금흐름은 다음과 같다.

5월 10일 통화선물계약 체결 5월 13일, U$1와 1,200원 교환

		5원		5원	
5월 10일	A	⟶	(청산소)	⟶	B
		4원		4원	
5월 11일	A	⟶	(청산소)	⟶	B
		6원		6원	
5월 12일	A	⟵	(청산소)	⟵	B
		1원		1원	
5월 13일	A	⟵	(청산소)	⟵	B

5월 13일 계약 이행

U$1

A ⟵ B

A ⟶ B

1,198원

앞서 검토했던 선물환 거래와 비교할 때 통화선물 Futures 거래에는 몇 가지 특이한 점이 있다. 우선, 계약 체결 시점부터 만료 시점까지 매일매일 현금흐름이 발생하는데 이를 일일정산 daily marking to market 이라고 한다. 선물거래소의 청산소 Clearing House 가 정산 관리의 역할을 맡고 있는데 통화선물 거래당사자의 증거금 Margin 에서 현금이 실제로 유입 내지 유출된다. 이와 같은 통화선물 Futures 거래의 일일정산 메커니즘을 통하여 계약불이행의 신용리스크를 상당히 줄일 수 있다. 둘째, 계약 이행 시점에 U$1 수령의 대가로 1,200원이 아닌 1,198원이 지급되는데 이는 통화선물 거래 최종일의 종가 환율에 준한다. 거래 최종일 종가로 결제함

으로써 일일정산에 따른 순이익이나 순손실이 발생하지 않는 결과를 도출하게 되는데, 이런 과정을 거침으로써 U$1를 1,200원에 교환하고자 했던 원래의 선물계약 내용에 부합하는 효과를 얻을 수 있다. 결국 계약의 이행을 전제로 할 때 최종적인 외환 거래의 내용U$1와 1,200원의 교환은 선물환계약이 되었든 통화선물계약이 되었든 간에 동일함을 의미한다. 그러나 엄격한 의미에서, 거래기간 동안의 현금흐름의 유무와 그에 따른 이자의 발생 여부를 감안할 때, 두 계약의 최종적인 결과는 다를 수밖에 없다.

선물환Forward 시장은 도매 시장이다. 국제 상업은행 등 대형 거래자들이 특정 목적을 위하여 최소 몇 백만 달러 상당의 대규모 거래를 하고 있는 시장으로 상호 신용도가 높은 투자자들끼리 거래를 한다. 이런 진입 장벽 때문에 환리스크에 노출되어 있는 중소기업 등은 선물환 시장에의 접근이 거의 불가능하였는데, 그럼에도 불구하고 앞서 살펴본 바와 같이 1973년 국제통화제도의 변동환율제도로의 이행 이후 환리스크 관리는 기업 경영의 주요 이슈가 되어 왔다. 바로 이런 필요에 의해 등장한 외환파생상품이 통화선물Futures이다. 통화선물시장에서는 국제적으로 유동성이 큰 일부 주요 통화들을 대상으로 특정 거래소에서 정형화된 거래를 하기 때문에 시장 접근이 훨씬 용이하다. 또한 특정 만기를 가진 통화선물을 대상으로 한 거래의 유동성이 높기 때문에 포지션 조정이 용이하고 거래소의 일일정산 기능을 통해 신용리스크도 크게 줄일 수 있다.

표 A3-1 선물환과 통화선물의 비교

	선물환계약(Forward)	통화선물계약(Futures)
거래규모	필요에 맞게 정함. 대개 U$5백만 상당 이상임.	표준화되어 있음. 대개 U$100,000 수준임.
통화 종류	대부분의 유럽 통화 및 태평양 연안국의 통화를 포함하여 약 50개 통화. 기본적으로는 해당 통화의 단기금융시장이 존재하는 모든 통화	유동성이 있는 주요 통화. CIMM(Chicago International Monetary Market)의 경우 엔, 유로, 캐나다달러, 파운드, 스위스프랑, 호주달러 등
만기	1주일에서 10년까지 필요에 따라 정함.	표준화되어 있음. 대개 1년에 4회의 결제일이 있음
결제	실제 거래통화를 인도하거나 현금결제가 이루어짐.	대개 현금결제하며, 현물인도가 가능한 경우에도 실제로는 거의 이용되지 않음.
규제	자율규제(은행들에 대한 통상적인 감사는 예외)	거래소 규약 및 정부기관에 의해 규제됨.
신용리스크	계약 이행에 대한 신용리스크가 크므로 신용한도의 설정을 요함.	증거금제도(margin deposit)와 일일정산제도(daily cash settlement of profits or losses)에 의해 신용리스크가 대부분 제거됨.

자료 : Ian H. Giddy, *Global Financial Markets*.

A.4 통화옵션

1. 통화옵션

A.3에서 검토한 선물환 · 통화선물 계약의 이행은 계약당사자의 '의무' 이다. 반면에 여기서 검토하게 되는 옵션 계약의 이행은 옵션 매입자의 '권리' 라고 하겠다. 일정 대가를 지불하고 옵션 상품을 매입한 자는 만기 시점에 혹은 만기 이전에 상황이 자신에게 유리한 경우 옵션을 행사할 수도 있고, 유리하지 않은 경우 옵션 행사를 포기할 수도 있다. 이런 권리가 주어지기 때문에 옵션 매입자는 이에 대한 대가로 옵션 프리미엄을 지불하게 된다. 옵션 상품의 가치 산정인 옵션가격 결정 Option Pricing Model ; OPM에 대해서는 뒤에서 검토하기로 한다.

통화옵션에는 콜옵션과 풋옵션의 두 가지 상품이 있다. 우선, 콜옵션은 특정 통화를 특정 가격, 즉 행사가격Exercise Price or Strike Price에 '살' 수 있는 권리의 옵션 상품으로 이 콜옵션에 대해서 거래자들은 롱포지션이나 숏포지션을 취하게 된다. 롱포지션을 취하고자 하는 콜옵션 매입자는 일정 옵션 프리미엄을 지불하고 옵션 행사 권리를 취득하게 되며 향후 상황의 변화에 따라 옵션 행사 여부를 결정하게 된다. 반면, 옵션 프리미엄을 받고 숏포지션을 취하는 콜옵션 매도자의 경우는 콜옵션 매입자의 옵션 행사 여부에 철저히 따라야 할 의무만이 있다.

풋옵션은 특정 통화를 특정 행사가격에 '팔' 수 있는 권리의 옵션 상품으로 이 풋옵션에 대해서도 거래자들은 롱포지션이나 숏포지션을 취하게 된다. 롱포지션을 취하고자 하는 풋옵션 매입자는 일정 옵션 프리미엄을 지불하고 옵션 행사 권리를 취득하며 향후 상황의 변화에 따라 옵션 행사 여부를 결정한다. 옵션 프리미엄을 받고 숏포지션을 취하는 풋옵션 매도자의 경우는 풋옵션 매입자의 옵션 행사 여부에 따라야 한다.

〈그림 A4−1〉 옵션 롱 · 숏 포지션의 손익구조

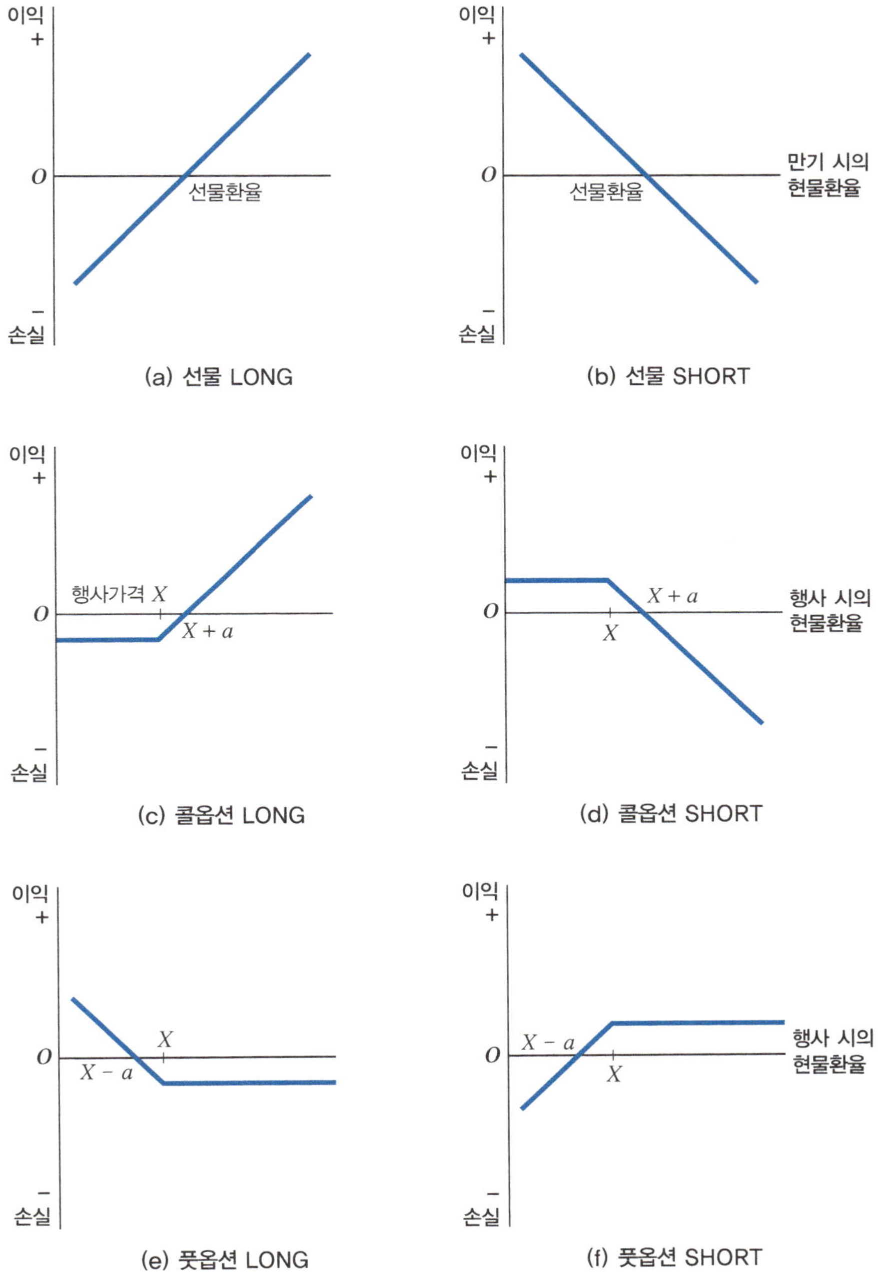

2. 선물과 옵션의 합성

파생금융상품의 최대 장점 중 하나는 투자자의 특수한 투자 목적에 부응하는 투자 상품의 조합이 가능하다는 점이다. 소위 맞춤형tailor-made 투자 상품의 개발은 투자자의 다양한 니즈에 부합한다는 차원에서 그 자체로 선진적이라 할 수 있는데, 이러한 맞춤형 투자 상품의 내용을 보면 선물, 옵션 등 파생금융상품의 지위가 절대적이다. 선물, 콜옵션, 풋옵션 등의 포지션을 달리 조합하여 합성선물이나 합성옵션 상품을 재생산할 수 있고 시황의 분석에 걸맞는 특수한 포지션을 창조해 낼 수도 있다.

합성상품의 예를 검토하기 전에 투자자의 입장에서 선물포지션과 옵션포지션을 취하는 이유의 차이에 대한 확실한 이해가 필요하다. 특정 상품의 가격 움직임에 대한 투자자의 분석이 상이할 때 투자자가 취하는 포지션은 다음과 같이 정리될 수 있다.

상품 가격 움직임에 대한 투자자의 분석	투자자의 포지션
가격 상승에 대한 강한 기대감 (++)	선물 롱포지션
가격 상승에 대한 약한 기대감 (+)	콜옵션 롱포지션/풋옵션 숏포지션
가격 하락에 대한 약한 기대감 (–)	풋옵션 롱포지션/콜옵션 숏포지션
가격 하락에 대한 강한 기대감 (––)	선물 숏포지션

가격 상승하락에 대한 확신 수준의 기대감이 있을 때 투자자는 선물 롱숏포지션을 취할 것이고, 가격 움직임에 대한 기대감이 상대적으로 약할 때 투자자는 콜옵션 내지 풋옵션에 투자할 것이다. 예를 들어, 가격 상승에 대한 기대감이 큰 차례대로 투자자는 선물 롱, 콜옵션 롱, 풋옵션 숏포지션을 취하게 된다. 그러나 이러한 투자자의 가격 움직임에 대한 기대감은 시간의 경과에 따라 달라질 수도 있다는 점에 유의하여야 한다. 시간이 지남에 따라 상황이 원래 분석했던 바와는 다르

게 전개될 수도 있고 이러한 상황의 변화에 맞추어 투자자의 포지션도 조정될 여지가 있는 것이다. 바로 이런 상황에서 합성상품의 진가가 부각된다.

(1) 합성선물Synthetic Futures

콜옵션 롱포지션 + 풋옵션 숏포지션 = 선물 롱포지션
콜옵션 숏포지션 + 풋옵션 롱포지션 = 선물 숏포지션

처음에 가격 상승에 대한 약한 기대감으로 콜 롱포지션을 취했던 투자자는 시간의 경과에 따라 가격 상승의 기대감이 커질 수 있는바, 이런 경우 프리미엄을 받고 풋옵션을 팔 수 있는데 결과적으로 콜 롱과 풋 숏의 합성은 선물 롱과 동일한 결과가 된다. 이런 포지션의 재조정을 통해 이익 실현의 가능성을 크게 할 수 있다.

마찬가지로, 처음에 프리미엄을 받고 콜옵션을 팔았던 투자자는 가격 하락의 기대감이 커짐에 따라 심지어 프리미엄을 지불하면서까지 풋옵션을 살 수도 있는데, 그 이유는 콜 숏과 풋 롱의 합성이 결과적으로 선물 숏과 동일한 결과를 가져오고 그만큼 이익 실현의 여지가 커지기 때문이다.

여기서 '풋-콜-선물 평가Put-Call-Futures Parity'에 대해서 분석해 보기로 한다. 위에서 검토한 바와 같이 콜-풋옵션의 조합은 선물과 동일한 결과를 가져오는데 완전한 금융시장에서의 균형 상태에서는 특정 상품에 있어 옵션시장에서의 가격과 선물시장에서의 가격이 상이할 수 없다는 논리다. 만약 가격이 다르다면 차익거래를 통한 이익 실현이 가능하다는 얘기가 되며 이런 상황은 지속될 수가 없는바 수요 · 공급의 변화에 따라 빠른 시간 내에 일물일가로의 가격 조정이 이루어질 것이기 때문이다.

$$C - P = \frac{(F - X)}{(1 + r)}$$

여기서 C = 콜옵션 가격

P = 풋옵션 가격

F = 선물 가격

X = 행사가격

r = 옵션 만기까지의 이자율

오늘 현재 콜옵션을 매입하고 풋옵션을 매도한 포지션의 합은 만기 시점에 $(F - X)$만큼의 손익을 가져오게 된다. 따라서 현재가치로 환산한 양 포지션의 가치는 동일하여야 한다는 논리가 '풋-콜-선물 평가Put-Call-Futures Parity'이다.

〈그림 A4-2〉 합성선물의 손익구조

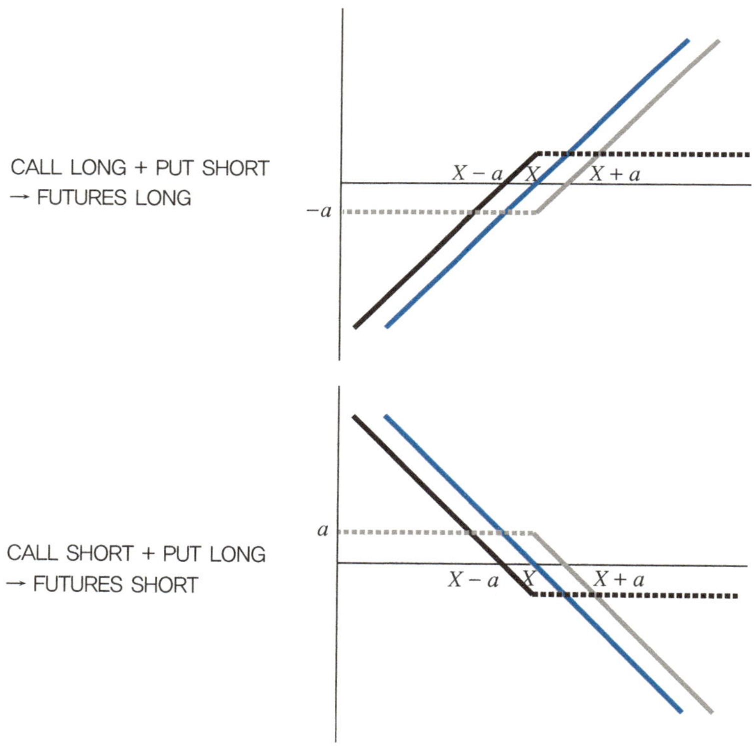

(2) 합성옵션 Synthetic Options

선물 롱포지션 + 풋옵션 롱포지션 = 콜옵션 롱포지션
선물 롱포지션 + 콜옵션 숏포지션 = 풋옵션 숏포지션
선물 숏포지션 + 풋옵션 숏포지션 = 콜옵션 숏포지션
선물 숏포지션 + 콜옵션 롱포지션 = 풋옵션 롱포지션

가격 상승에 대한 강한 기대감으로 처음에 선물을 매입한 투자자는 상황의 변화에 따라 포지션을 조정할 필요가 생길 수 있으며, 이런 경우 풋옵션을 매입하거나 콜옵션을 매도함으로써 콜옵션의 롱포지션이나 풋옵션의 숏포지션으로 전환할 수 있다. 마찬가지로, 가격 하락에 대한 강한 기대감으로 처음에 선물을 매도한 투자자는 상황의 변화에 따라 풋옵션을 매도하거나 콜옵션을 매입함으로써 콜옵션의 숏포지션이나 풋옵션의 롱포지션으로 투자 포지션을 조정할 수 있다.

(3) 기타 합성상품

합성선물, 합성옵션 외에 선물 · 옵션 상품들의 여러 가지 조합에 의해 투자자의 니즈에 부합하는 다양한 합성상품을 만들어낼 수 있는데 여기서는 가장 대표적인 예로서 스트래들Straddle과 스트랭글Strangle에 대해 분석해 보기로 한다.

행사가격이 일치하는 콜옵션과 풋옵션을 동시에 매입(매도)함으로써 스트래들 롱(숏)포지션을 만들 수 있는데 스트래들 롱포지션을 취하는 투자자는 해당 상품의 가격 변동이 클 것으로 예상하고 동 포지션을 취한다. 반면, 스트래들 숏포지션을 취하는 투자자는 해당 상품의 가격이 행사가격 중심에서 크게 벗어나지 않을 것으로 예상하고 있는 것이다. 행사가격이 다른 콜옵션과 풋옵션을 동시에 매입(매도)하는 경우에는 스트랭글 롱(숏)포지션이 만들어진다. 스트랭글 롱(숏)포지션은 스트래들 롱숏포지션에 비해 각각 가격 변동의 폭이 넓어지는 경우로 이해할 수 있다.

〈그림 A4-3〉 스트래들 롱·숏 포지션의 손익구조

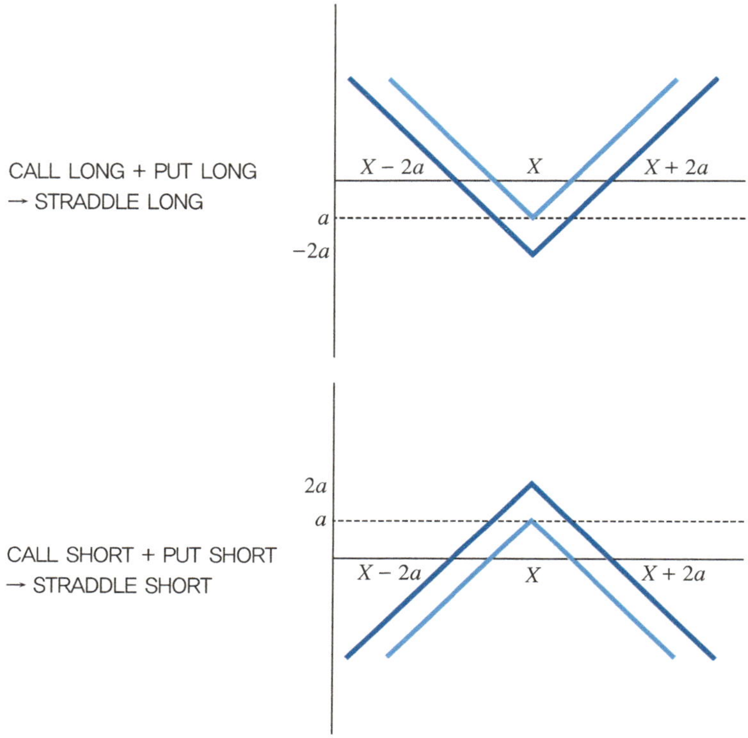

3. 옵션가격 결정 Option Pricing Model ; OPM

옵션의 개념은 오래 전부터 있어 왔다. 그러나 옵션의 적정 가치 산정은 최근에야 이루어졌다고 하겠다. 옵션가치 산정에 수학을 사용하고자 했던 노력은 1900년 L. Bachelier로부터 시작되어 1950년대 들어 P. Samuelson 등이 객관적인 옵션가치 산정 시도에 가세하게 된다.[3] 1973년 F. Black, M. Scholes, R. Merton

3. P. Bernstein, *Against the Gods*(1997).

등이 물리학의 열교환방정식 아이디어를 이용하여 Black-Scholes Model이라 불리는 '옵션가격 결정 모델Option Pricing Model ; OPM'을 발표하게 되는데 이를 기점으로 옵션시장은 급속하게 활성화된다. 이후 옵션가격 결정 모델은 주식, 채권 등 자본시장에 존재하는 여러 자산들의 가치 산정에 폭넓게 활용되고 있는데 여기서는 옵션가격 결정 모델의 기본적인 주요 개념들만 정리하고 넘어가도록 하겠다.

이해를 돕기 위하여 개별 주식 옵션의 예를 들어보도록 하겠다. 오늘 주식 하나를 매입하고 동 주식에 대해 행사가격 X인 풋 롱포지션과 콜 숏포지션을 동시에 취하는 경우를 생각해 보자. 옵션 만기인 미래 시점 $t = t$에 주가 S_t와 X의 차이에 따라 각 포지션의 손익은 달라지겠지만 포트폴리오 전체의 손익은 주가 변동에 관계 없이 X 수준에서 일정하다. 이와 같이 가격 변동과 무관하게 일정한 수익을 가져다준다는 점에서 동 포트폴리오는 무위험 포트폴리오가 된다.

	투자 포지션 가치	만기 가치	
		$S_t < X$	$S_t > X$
주식 매입 풋 롱포지션 콜 숏포지션	$+S$ $+P$ $-C$	S_t $X - S_t$ 0	S_t 0 $-(S_t - X)$
포트폴리오	$S + P - C$	X	X

만기 가치인 X를 현재 가치로 환산한 후 오늘 현재의 투자포지션 가치와 일치시키면 다음과 같은 관계식을 구할 수 있다.

$$S + P - C = \frac{X}{(1+r)^t}$$

여기서 r = 무위험이자율

t = 옵션의 만기

위 식을 재정리하면 다음과 같은 '풋-콜 평가Put-Call Parity' 식을 얻게 된다.

$$C - P = S - \frac{X}{(1+r)^t}$$

풋-콜 평가Put-Call Parity는 동일한 기초자산에 대해서 만기와 행사가격이 동일한 콜옵션의 가격과 풋옵션의 가격이 균형 상태에서 어떠한 관계를 갖게 되는지를 보여준다. 현재가치를 연속복리 계산 형태로 나타내면 풋-콜 평가식은 다음과 같이 된다.

$$C - P = S - Xe^{-rt}$$

풋-콜 평가식을 통해 다음과 같은 콜옵션 가격의 경계조건을 분석해 볼 수 있다.

① $C \le S$
② $C \ge 0$
③ $C \ge S - X$
④ $C \ge S - Xe^{-rt}$

첫째, 파생상품인 콜옵션의 가격은 기초자산의 가격보다 높을 수 없다. 둘째, 콜옵션 가격은 마이너스일 수 없다. 셋째, 풋-콜 평가식에 따르면 콜옵션 가치 C는 $S - Xe^{-rt}$보다 크다. 또, Xe^{-rt}는 X의 현재가치이므로 C는 당연히 $S - X$보다 크게 된다. 이런 경계조건을 감안해 볼 때 콜옵션은 만기 이전에 그 권리를 행사할 이유가 없다.[4]

위의 경계조건들을 검토할 때 우리는 콜옵션 가격에 영향을 주는 요인들을 기초자산 가격^S, 옵션 행사가격^X, 옵션 만기^t, 무위험이자율^r, 기초자산 가격의 변동

4. "Call options are worth more alive than dead." (R. Merton, 1973).

성$^{\sigma^2}$ 등으로 정리할 수 있다.

① 기초자산 가격^{S}은 콜옵션 가격과 플러스의 관계에 있다.

② 옵션 행사가격^{X}은 콜옵션 가격과 마이너스의 관계에 있다. 콜옵션의 내재가치Intrinsic Value는 기초자산 가격과 옵션의 행사가격 차이에 의해 결정된다.

③ 옵션 만기까지의 기간^{t}은 콜옵션 가격과 플러스의 관계에 있다. 콜옵션의 시간가치Time Value는 현 시점에서 만기까지의 남은 기간이 길수록 상승한다.

④ 무위험이자율^{r}은 콜옵션 가격과 플러스의 관계에 있다. 콜옵션은 미래에 행사가격으로 기초자산을 매입할 수 있는 권리이므로 미래에 자금의 지출이 생긴다. 이러한 미래 지출금액의 현재가치는 무위험이자율이 높을수록 작아진다.

⑤ 기초자산 가격의 변동성$^{\sigma^2}$은 콜옵션 가격과 플러스의 관계에 있다. 기초자산 가격의 변동성이란 시간의 변화에 따라 기초자산의 가격이 상승하거나 하락할 가능성을 의미한다. 이러한 기초자산 가격의 변동성이 높을수록 콜옵션 가격은 상승한다.

〈그림 A4-4〉 콜옵션 가격의 경계조건

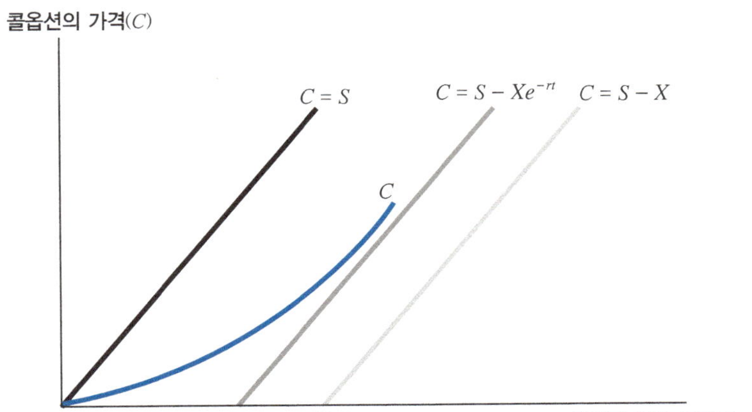

풋옵션 가격의 경계조건은, 콜옵션의 경우와 같은 이치로, 다음과 같이 정리할 수 있다.

① $P \leq X$

② $P \geq 0$

③ $P \geq Xe^{-rt} - S$

풋옵션 가격에 영향을 주는 요인들도 기초자산 가격^{S}, 옵션 행사가격^{X}, 옵션 만기^{t}, 무위험이자율^{r}, 기초자산 가격의 변동성$^{\sigma^2}$ 등으로 정리된다.

① 기초자산 가격^{S}은 풋옵션 가격과 마이너스의 관계에 있다.

② 옵션 행사가격^{X}은 풋옵션 가격과 플러스의 관계에 있다.

③ 옵션 만기까지의 기간^{t}은 풋옵션 가격과 플러스의 관계에 있다.

④ 무위험이자율^{r}은 풋옵션 가격과 마이너스의 관계에 있다.

⑤ 기초자산 가격의 변동성$^{\sigma^2}$은 콜옵션 가격과 플러스의 관계에 있다.

A.5 통화스왑

1. 스왑

스왑Swap은 두 거래당사자가 미리 약정한 방식에 따라 미래 일정 시점에 현금 흐름을 교환하기로 하는 계약이다. 스왑은 각 거래자가 서로 다른 금융시장에 접근하고 또 서로 다른 수요를 갖고 있기 때문에 존재한다고 할 수 있다. 예를 들어 어떤 기업은 다른 기업보다 유로엔 시장에 보다 쉽게 접근할 수가 있을 것이며, 어떤 기업은 변동금리를 선호하는 반면 다른 기업은 고정금리를 선호할 수 있다. 이런 경우 자기가 직접 시장에서 차입하는 것보다 다른 기업과 통화나 금리를 스왑함으로써 자신의 부채 형태를 변화시키는 것이 유리할 수 있다. 1970년대 영국 정부의 외환규제를 피하기 위해 기업들이 고안한 상호대출Parallel Loan 형식으로 시작된 스왑은 그 이후 다양한 형태로 발전하면서 시장이 급속히 성장해 왔다.

스왑거래는 크게 통화스왑Currency Swap과 금리스왑Interest Rate Swap으로 구분되며, 금리스왑은 변동금리와 고정금리를 교환하는 쿠폰스왑Coupon Swap과 서로 다른 변동금리 간의 교환인 베이시스 스왑Basis Swap으로 나뉜다.

〈그림 A5-1〉 상호대출의 예

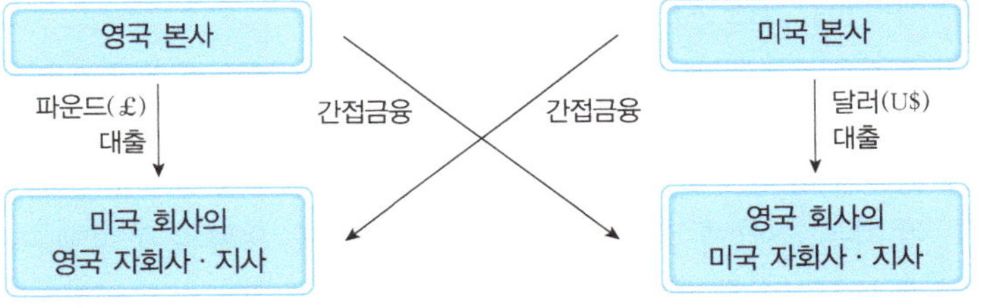

자료 : 『국제재무론』(1995).

2. 통화스왑[5]

구체적인 통화스왑의 예를 들어 보자. 미국 캘리포니아의 전력회사인 Flower Power와 덴마크의 생명공학회사인 Novo사가 스위스 프랑화와 미달러화 간의 통화스왑을 체결한다.

(1) 스왑이 없는 경우

먼저 스왑이 없는 경우 두 회사의 상황을 생각해 보자. 은행 대출을 통해 미달러를 조달하는 Flower사는 6개월물 LIBOR + 0.25%의 금리로 자금을 조달한다. Novo는 스위스에 공장을 짓기 위하여 고정금리로 스위스프랑을 조달하고자 하는데 이 경우 연리 5.75%의 조달비용이 든다고 하자.

(2) 비교우위에 있는 시장에서 자본 조달

스왑 브로커로 활동하는 국제상업은행의 주선으로 Flower사와 Novo사가 접촉하게 되어 자본 조달에 관한 조언을 받게 되었다. 은행의 분석에 따르면, 미국의 전력 사업에 관심이 있는 스위스 내의 투자 수요를 감안할 때 Flower사는 스위스프랑화 채권을 표면금리 5%의 유리한 조건으로 발행할 수 있고, Novo사

5. Ian H. Giddy, *Global Financial Markets*, Ch.13 Currency and Interest Rate Swaps 참고.

는 과거의 신용을 감안할 때 6개월 LIBOR 수준에서 유로달러를 조달할 수 있다는 것이었다.

두 회사는 금리 및 원금을 교환하기로 약정함으로써 스왑이 없는 경우보다 양사 모두 저렴한 비용으로 자금을 조달할 수 있게 되었다. Flower사는 5년 만기 스위스프랑화 채권을 발행, 연 5% 금리에 1억 5천만 스위스프랑을 조달하는데, 이는 당시의 현물환율 SF1.50/U$에 기준하여 1억 달러에 상당한다. 한편, Novo사는 5년간 1억 달러를 6개월물 LIBOR 금리에 차입한다.

(3) 통화스왑에 따른 최초의 원금 교환

스왑의 첫 단계에서 Novo는 Flower에게 1억 달러를 주고 그 대신 1억 5천만 스위스프랑을 수취한다. 그러나 이런 절차는 통화스왑에서 반드시 필요한 것은 아니다. 그 이유는 각 사가 현물환시장에서 조달 통화를 매각하여 각 사가 원하는 통화로 교환할 수 있기 때문이다.

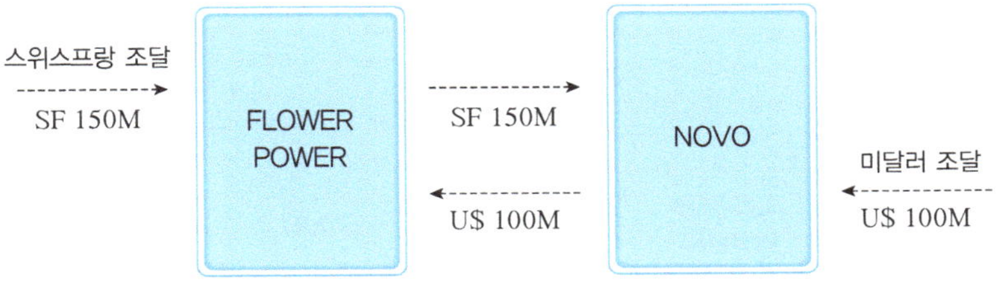

(4) 통화스왑 : 정기적인 쿠폰이자 교환

매년 Flower의 스위스프랑화 채권의 이자 지급 기일이 도래하면 Novo는 Flower에게 스위스프랑화 이자 5%를 지급하게 되며, 마찬가지로 Novo가 달러화 부채에 대한 이자 지급을 하여야 할 때는 Flower가 Novo에게 달러화 이자 LIBOR를 연 2회 지급하게 된다.

이런 과정을 통하여 Flower의 스위스프랑화 이자 지급 및 수취는 서로 상쇄되어 순수한 달러화 이자 지급만이 남게 되고, Novo는 순수한 스위스프랑화 이자 지급만이 남게 되는데 이것이 바로 원래 그들이 원했던 것이다. 이러한 이자 교환은 만기가 되는 해를 포함하여 매년 이루어진다.

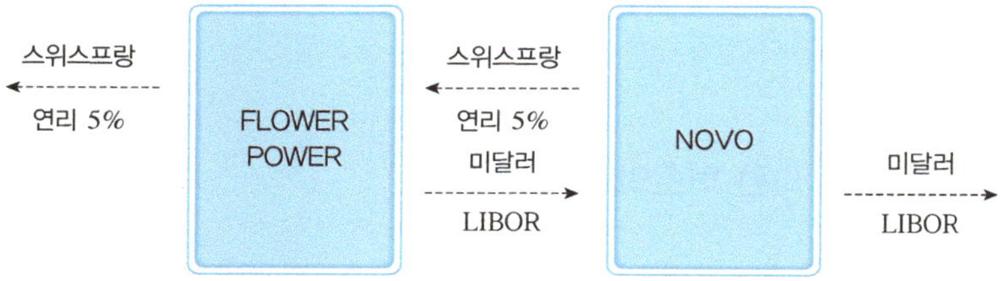

(5) 통화스왑 : 만기 시 원금 재교환

마지막으로, 만기가 되는 시점에서 원금의 재교환이 이루어져 Flower와 Novo 각 사는 자신들이 조달하였던 원래의 부채를 상환할 수 있게 된다.

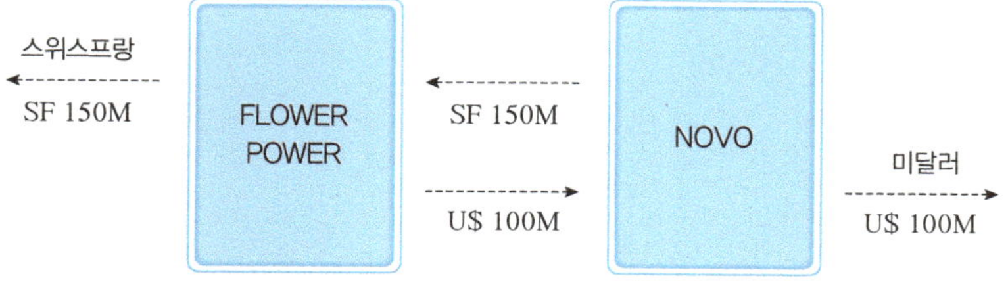

이상의 통화스왑을 통하여 Flower Power와 Novo 양자는 자본 조달 비용을 절감하게 되었는데 그 구체적인 내역은 다음과 같다.

통화스왑 후 Flower Power

자본 조달 : 스위스프랑화 금리 5% 지급
스왑　　 : 미달러화 LIBOR 지급
　　　　　 스위스프랑 금리 5% 수취
순비용　 : 미달러화 LIBOR

스왑이 없었다면 Flower Power는 (LIBOR + 0.25%)의 미달러화 조달 비용이 들었을 터이나 스왑을 통하여 0.25%p의 조달 비용을 절감하게 되었다.

통화스왑 후 Novo

자본 조달 : 미달러화 LIBOR 지급
스왑　　 : 스위스프랑화 금리 5% 지급
　　　　　 미달러화 LIBOR 수취
순비용　 : 스위스프랑화 금리 5%

스왑이 없었다면 Novo는 5.75%의 스위스프랑 조달 비용이 들었을 것이나 스왑을 통하여 0.75%p의 조달 비용을 절감하게 되었다.

3. 스왑의 경제성[6]

시장에 대한 서로 다른 접근가능성을 가진 차입자들에게 스왑이 상당한 정도의 비용절감 효과를 가져다준다는 사실은 현실적으로 시장의 불완전성이 존재한다는 사실의 반증이라고 하겠다. 물론 스왑시장은 진입 장벽이 거의 없는 대단히 경쟁적인 시장이기 때문에 스왑거래를 통한 이익이 줄어들기는 했으나 그 이익은 여전히 스왑거래에 부수하는 비용이나 신용리스크를 커버하고도 남을 만큼 충분하다. 스왑거래를 통한 이익 실현을 가능케 하는 시장 불완전성의 주요 내용은 다음과 같다.

(1) 자국 시장의 친숙도

기업이 자본을 조달하기에 가장 유리한 시장은 자국 시장일 것이다. 투자자들은 같은 신용도를 가진 경우 외국 기업보다는 자국 기업이 덜 위험하다고 인식하는 경향이 있는데 이는 투자자들이 자국 기업에 익숙해 있고 보다 많은 정보를 갖고 있기 때문이다. 이런 이유로 인해 자국 기업이 투자대상으로 훨씬 유리한 위치에 있다.

(2) 리스크에 대한 인식의 차이

자본시장과 은행의 대출시장은 기업에 대한 신용리스크를 달리 평가하는 것으로 알려져 있는데, 사실 신용리스크의 평가는 주관적일 수밖에 없기 때문에 이런 사실이 놀라운 바는 아니다. 이런 상황에서 자본을 조달하고자 하는 기업은 자사를 보다 양호하게 평가해 주는 시장에서 보다 낮은 금리로 자금을 차입하여 이

6. Ian H. Giddy, *Global Financial Markets*, Ch.13 Currency and Interest Rate Swaps 참고.

를 다시 자신이 원하는 내용으로 스왑할 수 있다. 서로 다른 나라의 시장에서는 차입자에 대한 인지도, 상이한 신용평가 기준, 리스크에 대한 문화적 태도의 차이 등으로 인해 리스크에 대한 인식의 차이가 존재한다.

(3) 자본 조달 · 투자에 대한 정부의 규제

대부분의 시장에서는 날로 증가하는 리스크로부터 자국의 투자자를 보호하기 위하여 외국 기업이 기채起債할 수 있는 금액에 제한을 가하는 정부의 규제가 존재한다. 이러한 정부의 규제는 결국 특정 시장을 특정 차입자에게 유리하게 만드는 결과를 가져온다. 스왑은 특정 시장에서 차입을 원하는 기업으로 하여금 자신보다 더 유리한 조건을 가진 상대방을 통해 차입할 수 있도록 함으로써 이와 같은 규제를 우회할 수 있도록 해준다.

(4) 정책금융

통화스왑은 기업으로 하여금 그들이 원하지 않는 통화로만 차입할 수 있는 수출금융 및 기타 유리한 조건의 정책금융에의 접근을 가능하게 한다.

(5) 자금가용성의 차이

단기금융시장이나 자본시장에서는 일시적으로 자금의 수급 불균형 현상이 발생할 수 있다. 이처럼 다른 시장 간의 상이한 경제적 상황을 이용한 차익거래를 행하거나 차입자가 원하는 유인을 제공하기 위하여 스왑이 이용될 수 있다.

(6) 거래당사자의 특성

개별 거래당사자의 특성에 기초하여 그들이 보유하고자 하는 자산과 부채의 형태가 결정되는데 자산 · 부채 관리야말로 스왑이 제공하는 가장 중요한 이점 중 하나이다. 스왑을 함으로써 다른 시장에서의 낮은 금리에 따른 이익을 추구하는데, 예를 들어 은행은 필요한 변동금리 부채를, 그리고 제조업체는 원하는 고정금리 부채를 확보할 수 있게 된다.

(7) 시간 변화에 따른 금리차

시간의 흐름에 따른 변화 역시 시장 간 차이에 영향을 미친다. 상대적인 변화는 그 변화가 발생하기 이전에 발행된 채권과 최근에 발행된 채권 사이의 차익거래 기회를 제공할 수 있다.

(8) 특정 시장의 과도한 활용

어떤 기업은 특정한 한 시장에서만 계속하여 차입을 원하는데 그동안의 과도한 활용으로 인해 더 이상 그 시장에서 필요한 만큼 차입이 불가능해질 수 있다. 이런 경우 그 기업은 스왑을 통하여 상대방으로 하여금 그 시장에서 필요한 자금을 차입하게 하여 교환할 수 있다.

A.6 국제자본 조달[7]

1. 자본 조달의 이론과 실제

모딜리아니-밀러M-M 이론1958에 따르면 완전한 자본시장에서 한 기업의 자본구조는 기업의 시장가치와 무관하다. 그러나 현실적으로 세금 등 자본 조달과 관련한 제반 비용을 고려할 때 기업은 자본구조 조정을 통해 기업가치의 증대 효과를 기할 수도 있다.

이자 비용에 대한 세금공제 효과는 타인자본 조달의 중요한 요인이 된다. 따라서 세금 절감tax shield 효과가 클수록 해당 기업은 부채에 의하여 자본 조달을 함으로써 세금 부담을 줄일 수 있다. 그러나 이와 동시에 과도한 부채는 재정난financial distress을 유발할 수 있음에 유의하여야 한다. 부채 증가에 따른 세금절감 효

〈그림 A6-1〉 최적 자본구조와 기업가치

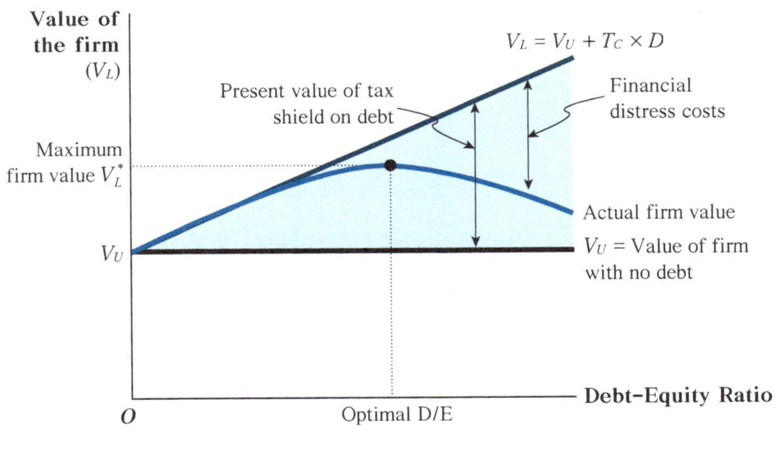

V_U = Value of Unlevered Firm(부채가 없는 기업의 가치)
V_L = Value of Levered Firm(부채가 있는 기업의 가치)
T_C = Corporate Tax Rate(법인세율)

7. Ian H. Giddy, *Global Financial Markets*, Ch.16 International Financing의 내용을 참고했음.

과 증대와 재정난 증가 사이의 trade-off가 최적 부채비율, 즉 최적 자본구조를 결정하게 된다.

2. 부채의 종류와 만기 결정

자본 조달의 구성과 내용은 기업의 사업 성격에 맞추어 이루어져야 하는바 부채의 상환 계획도 기업의 영업 현금흐름의 성격과 타이밍에 맞추어야 한다.

기업들의 부채는 대부분 단기성 변동금리 부채이다. 그런데 어떤 기업은 사업의 불확실성을 줄이기 위하여 장기 고정금리 부채를 늘리고자 할 수 있다. 상이한 환경에서 기업의 부채 조달은 어떤 기준으로 계획될 수 있는지 다음의 두 가지 원칙을 검토해 보자.

〈원칙 1〉 다른 조건이 동일한 경우 재정난financial distress의 가능성을 최소화하는 부채의 구성을 선택하여야 한다.

이에 따르면 기업의 부채를 기업 수입의 특성에 맞추는 노력이 필요하다. 예를 들어 전기·가스업체와 같이 상대적으로 고정적인 수입을 갖고 있는 기업에게는 고정금리 부채가 바람직하고, 반면 변동금리 조건으로 주택융자를 하는 금융기관의 경우는 수입이 이자율 변화에 민감하므로 변동금리 부채 조달이 타당하다고 하겠다.

〈원칙 2〉 위험을 최소화하는 부채 구성을 하지 않는 것이 유리할 수도 있는데, 이는 오로지 시장 정보에 기초한 사업 예측보다 그 기업의 사업 예측이 더 정확할 수 있다can beat the market는 확신이 있는 경우에만 해당된다.

이는 결국 일반 기업은 사업 예측을 뛰어나게 할 수 있는 독점적인 정보나 능력이 없기 때문에 위험을 증폭시키는 투기적인 부채 조달은 바람직하지 않다는 것이다.

고정금리로 차입할 것인지 변동금리로 차입할 것인지의 선택이 끝나면 기업은 이러한 결정을 수행하는 가장 효과적이고도 저렴한 방법을 찾아야 할 것이다.

부채의 만기 결정은 특정 조건의 자금을 사용할 수 있는 기간을 선택하는 것으로, 부채의 상환 일정은 기업의 자산 활용을 통해 기대되는 현금흐름과 일치시킬 필요가 있다. 자본 조달에 있어 조달비용을 낮추는 노력과 함께 또 한 가지 유의할 바는 때때로 특정 자본시장의 가용 자금이 고갈될 수도 있다는 사실이다. 따라서 자본 조달에 있어 유연성을 가질 필요도 있는 것이다.

3. 부채의 표시통화와 환리스크

기업의 국제자본 조달에서 중요한 문제 중 하나는 어떤 통화로 부채를 표시할 것이냐는 점이며, 이 문제에 대한 분석의 요점은 환리스크에 있다. 한 기업의 부채통화를 어떤 통화로 할 것이냐의 결정을 위해서는 우선 그 기업의 환노출exposure을 검토하여야 한다.

제조업체의 경우는 일반적으로 다음과 같은 세 종류의 환리스크에 노출되어 있다.

① 거래적 노출transaction exposure

② 회계적 노출accounting exposure

③ 경제적 노출economic exposure

거래적 노출transaction exposure이란 이미 체결된 외화 표시의 거래를 미래에 결제함에 따르는 환차익 또는 환차손의 발생가능성을 의미한다. 무역거래 계약 시에 예상한 환율과 실제로 환전할 때의 환율이 다르게 되면 무역업자는 예기치 못한 이익환차익이나 손해환차손를 볼 수 있다.

회계적 노출accounting exposure은 환율의 변화에 의해 외화로 표시된 자산과 부채, 수입과 지출, 이익과 손실을 환산함에 따르는 환차익 또는 환차손의 발생가능성으로 장부가치만의 변동이지 진정한 기업가치의 변동으로 볼 수는 없다. 그러나 회계적 노출의 결과에 따라 기업에 대한 세금의 크기가 달라진다면 이는 분명히 기업의 현금흐름에 영향을 주게 된다.

경제적 노출economic exposure이란 환율의 변화에 따라 기업의 미래 현금흐름이 영향을 받을 가능성을 의미한다. 기업가치는 예상되는 미래 현금흐름의 현재가치로 측정되는바 환율의 변동은 기업의 미래 현금흐름의 예상되는 금액 또는 그 변동폭을 바꿔놓을 수 있다. 기업의 미래 수익과 비용의 흐름, 더 나아가 기업의 국제경쟁력에 영향을 미치는 실질운용노출real operating exposure이라고 하겠다.

기업은 항상 조달 자본의 표시 통화를 매출 수입의 표시 통화와 일치시킬 필요가 있는가? 기업에 투자한 투자자의 입장에서는 기업이 그들을 대신하여 환리스크를 관리하려는 노력이 불필요한 일이 될 수 있고, 경우에 따라서는 투자자의 이익에 반하는 결과를 가져올 수도 있다. 모딜리아니-밀러M-M 이론에서와 같이, 만일 투자자의 투자 결정이 자본 조달 결정에 영향을 받지 않고 세금을 포함한 제반 거래비용이 존재하지 않는다면 투자자들은 기업이 할 수 있는 모든 종류의 통화 매칭이나 헷징을 시도할 수 있는바 투자자 입장에서는 기업이 그들을 대신하여 환리스크를 관리하는 것이 불필요한 일이 될 수 있는 것이다. 또 기업의 재무담당자가 주주가 원하지 않는 헷징을 하는 경우 이는 주주에게 손해를 입히는 결과를 초래할 수 있다.

이와 같이 환리스크 헷징은 불필요하다는 부정적인 이론에도 불구하고 현실적으로 대다수의 대형 국제기업들은 선별적으로 환리스크 헷징을 하고 있는 것으로 알려져 있다. 사실 환율의 변동성volatility은 기업 수입의 불안정성을 증폭시키고 이에 따라 재정난financial distress 발생의 가능성을 높이게 된다. 따라서 헷징을 통하여 기업 수입의 변동성을 줄일 수 있다면 이는 재정난에 따른 비용 부담을 줄이는 긍정적인 효과를 가져오는 것이다.

이상의 논의를 바탕으로 부채 표시통화 결정에 있어 다음의 두 가지 원칙을 검토해 보기로 한다.

첫째, 기업은 부채를 환리스크 헷징에 적극 이용할 필요가 있다. 이는 부채 표시통화를 기업의 환노출에 일치시킴으로써 재정난 발생의 가능성을 최소화할 수 있기 때문이다. 예를 들면, 영국 제약회사 Glaxo의 호주 자회사는 일본에 약품을 수출하여 엔화로 지불을 받는다. 만일 화학제품의 도매시장 가격이 미달러화로 결정된다면 Glaxo의 호주 자회사가 취해야 할 자본 조달 방법은, 계약에 의해 확정된 경우를 빼고, 미달러화로 조달하는 것이다.

둘째, 특정 시점에 국제 피셔 효과가 성립하지 않고 있다는 확신이 있는 경우에 한해 기업은 위의 통화매칭 전략에서 이탈할 수도 있다. Glaxo의 재정담당자는 미달러화와 영국 파운드화 간의 이자율 차이가 예상되는 파운드화의 절하를 충분히 반영하지 못하고 있다고 판단되면 부채통화를 영국 파운드화로 바꿀 수 있을 것이다.

4. 파생금융상품, 합성증권, 자산증권화

자본 조달에 있어 파생금융상품은 다음과 같은 목적을 위해 사용될 수 있다.

① 리스크 헷징hedging

② 자본시장의 불완전성을 이용한 차익거래arbitrage

③ 이자율, 환율 등 시장변수의 변화를 적극적으로 이용하기 위한 포지션 보유positioning

예를 들어, 스왑은 부채의 성격을 기업이 원하는 형태로 바꾸려 하는 경우에 유용하게 사용될 수 있다. 또한 스왑은 자본시장의 불완전성을 이용한 차익거래 수단으로 활용되는데 스왑은 기업이 한 시장에서 또는 한 통화로 자금을 직접 차입하는 것보다 저렴하게 자금을 조달할 수 있게 해준다. 때로 스왑은 순수하게 포지션 보유를 취하기 위하여 사용되기도 하는데, 예를 들어 한 기업은 이자율이 하락하리라는 기대 하에 고정금리 부채를 변동금리 부채로 바꿀 수 있다.

지난 20여 년간 거대한 규모의 국제자본 조달이 주식연계채권equity-linked bond과 같은 합성증권hybrids의 형태로 이루어져 왔는데 합성증권이란 두 개 이상의 증권들의 특성을 함께 갖고 있는 증권을 말하는 것으로 그 대표적인 예는 다음과 같다.

① **신주인수권부 사채**Warrants : 해당 사채가 상환되기 전에 채권자에게 차입 기업이 발행하는 신주의 일부에 대하여 주주와 함께 증자에 참여할 수 있는 권리를 부여한 사채.

② **전환사채**Convertibles : 발행사의 주식으로 전환될 수 있는 채권으로 이자, 원금, 만기를 갖고 있다는 점에서는 보통 사채와 같지만 전환 대상 주식의 가격 움직임에 크게 영향을 받는다는 점에서는 주식의 성격을 갖는다.

자산증권화asset securitization란 기업이 특정 자산으로부터 발생되는 현금흐름을 특정 부채의 담보로 활용하기 위하여 다른 자산과 분리시키고 이 현금흐름에 의하여 신용도가 확보된 상태에서 증권을 발행하여 타인자본을 조달하는 방법을 뜻한다. 자산증권화에서 사용되는 자산은 신용카드 외상매출금credit card receivables, 주택저당대출mortgage loan, 자동차 할부금융 대출 등 매우 다양한데 자산증권화의 이점은 저렴한 비용으로 자본을 조달할 수 있다는 점이다.

A.7 국제 포트폴리오 투자[8]

1. 국제 포트폴리오 투자의 이론과 실제

자본자산가격 결정 모형Capital Asset Pricing Model ; CAPM에 따르면 서로 다른 자산의 투자 수익들 간에 낮은 상관관계가 있을 때 투자의 다변화, 즉 포트폴리오 투자를 통하여 투자위험을 줄일 수 있다. 완전히 분산된 포트폴리오에 투자하는 투자자들은 투자 수익을 희생시키지 않고도 투자위험을 줄일 수 있기 때문에 합리적인 투자자들은 시장포트폴리오market portfolio와 비슷하게 분산된 포트폴리오를 보유하려 할 것이다. 여기서 시장포트폴리오란 쉽게 말해서 어떤 주식시장의 모든 주식을 총 주식가치 대비 각 주식의 시장가치market capitalization의 비율대로 구성한 포트폴리오를 말한다.

오늘날 세계 각국의 자본이동이 활발하게 이루어지고 있음을 감안할 때 적절한 분산투자의 범위와 그에 따른 투자가 세계 전체의 자산들을 대상으로 하는 것은 당연한 일이다. 이에 따라 CAPM도 국제 CAPM으로 확대 적용될 수 있는바 개별 자산의 수익은 무위험수익률과 국제적 시장포트폴리오 수익률의 함수가 될 것이다.

$$E(R_j) = R_F + \beta_j [E(R_M) - R_F]$$

여기서 $E(R_j)$ = 자산 j의 기대수익률

R_F = 무위험수익률

β_j = 자산 j의 체계적 위험

$E(R_M)$ = 국제적 시장포트폴리오의 기대수익률

---

8. Ian H. Giddy, *Global Financial Markets*, Ch.14 International Equity Markets and Portfolio Diversification의 내용을 참고했음.

국제 CAPM 이론에는 몇 가지 문제점이 있다. 첫째, CAPM 이론에 따르면 세계의 모든 주식들이 새로운 정보의 입수에 따라 전문투자자 집단에 의하여 신속하게 거래된다는 가정을 하고 있으나 현실적으로 국제투자에 있어서는 이러한 신속한 차익거래를 제약하는 장애요인이 많다. 둘째, 투자자의 본국 통화에 관계 없이 세계의 모든 투자자들이 받아들일 수 있는 단일 무위험수익률을 가정하는 것도 수긍하기 어렵다. 셋째, 세계의 모든 주식들을 연계하는 단일 국제적 시장포트폴리오는 존재하지 않으며 자산가치 비중에 따른 가중치를 부여하여 이를 구성하는 것도 현실적으로 불가능하다.

국제 포트폴리오 투자가 투자 수익률-위험 차원에서 투자자에게 확실히 이롭다는 이론적인 증거는 명백하지 않다. 그러나 그동안의 실증분석 연구에 따르면 투자자는 국제 포트폴리오 투자를 통하여 기대수익률을 높이고 전체적인 투자위험을 줄일 수 있다는 것이 일반적이다.

국제 포트폴리오 투자의 간단한 예를 들어 보자. 미국 주식 a와 벨기에 주식 b로 구성된 포트폴리오의 기대수익률 및 투자위험은 다음과 같이 정리할 수 있고 간단한 산식을 통하여 투자위험을 최소화하는 포트폴리오의 가중치도 계산할 수 있다.

예상수익률

$$E(R_p) = w_a E(R_a) + w_b E(R_b)$$

포트폴리오 분산 포트폴리오 투자위험

$$\sigma_p^2 = w_a^2 \sigma_a^2 + w_b^2 \sigma_b^2 + 2 w_a w_b \rho_{ab} \sigma_a \sigma_b$$

최소 투자위험 포트폴리오 가중치

$$w_a^{\min} = \frac{(\sigma_b^2 - \sigma_a \sigma_b \rho_{ab})}{(\sigma_a^2 + \sigma_b^2 - 2\sigma_a \sigma_b \rho_{ab})}$$

〈표 A7-1〉은 1961~1989년의 기간 중 6개 선진국 주식시장의 수익률 표준편차와 상관계수를 정리한 것이다. 이를 바탕으로 하여 효율적 국제 포트폴리오 투자의 예를 분석해 보기로 한다. 최적 포트폴리오 구성 방법을 사용하여 최적의 자산구성 비율을 찾아낼 수 있는데, 본 예에서 포트폴리오가 최소의 투자위험을 나타내는 점은 〈표 A7-2〉에서 보는 바와 같이 미국 주식 47%, 캐나다 주식 38%, 일본 주식 9%, 독일 주식 6% 의 비율로 포트폴리오를 구성하는 경우이다.

표 A7-1 6개 선진국 주식시장 수익률의 표준편차와 상관계수

	표준편차	0.1715	0.2893	0.3082	0.3278	0.3410	0.1606
		캐나다	프랑스	독일	일본	영국	미국
상관계수	캐나다	1					
	프랑스	0.4368	1				
	독일	0.1659	0.7238	1			
	일본	0.2239	0.4231	0.2447	1		
	영국	0.3496	0.1169	0.1312	0.0346	1	
	미국	0.6844	0.2876	0.4318	0.2274	0.6327	1

자료 : James Bodurtha, The University of Michigan.

표 A7-2 최적 포트폴리오 분석

INTERNATIONAL PORTFOLIO DIVERSIFICATION

PORTFOLIO EXPECTED RETURN				PORTFOLIO VARIANCE						
					CORRELATION MATRIX					
ASSET	RETURN	WEIGHT	PRODUCT	STD DEV	CAN	FR	GER	JAP	UK	USA
CANADA	0.1267	37.86%	0.04796	0.1715	1					
FRANCE	0.1396	0.00%	0	0.2893	0.44	1				
GERMANY	0.1402	6.41%	0.00899	0.3082	0.17	0.72	1			
JAPAN	0.2075	9.01%	0.01869	0.3278	0.22	0.42	0.24	1		
UK	0.1781	0.00%	0	0.341	0.35	0.12	0.13	0.03	1	
USA	0.1126	46.72%	0.05261	0.1606	0.68	0.29	0.43	0.23	0.63	1
		100.00%								
				PORTFOLIO VARIANCE					0.02163	
	PORTFOLIO RETURN		12.83%	PORTFOLIO STD DEV					14.71%	

OPTIMAL PORTFOLIOS

		Given	Best	Composition					
		Return	Std. Dev.	CAN	FR	GER	JAP	UK	USA
All US		0.1126	0.1606	0	0	0	0	0	100
		0.115	0.1548	17	0	0	0	0	83
		0.12	0.1494	33	0	5	2	0	60
		0.125	0.1475	36	0	6	6	0	52
Min Risk		0.1283	0.1471	38	0	6	9	0	47
		0.13	0.1472	39	0	7	11	0	44
		0.14	0.1509	44	0	9	16	5	25
		0.15	0.1572	50	0	12	20	11	7
		0.16	0.168	43	0	11	28	18	0
		0.17	0.184	30	0	9	37	24	0
		0.18	0.2045	17	0	7	46	30	0
		0.19	0.2282	4	0	5	55	36	0
Max Return		0.2075	0.3278	0	0	0	100	0	0

자료 : Ian H. Giddy, *Global Financial Markets*.

이상에서 논의된 바와 같이 투자자는 효율적인 국제 포트폴리오 투자를 통하여 기대수익률을 높이고 전체적인 투자위험을 줄일 수 있다. 그런데 국제 포트폴리오 투자에는 여러 장애 요소들이 있다. 그 대표적인 예는 다음과 같다.

① **정보의 장애** : 언어 차이에 따른 의사소통 문제나 회계시스템의 차이에 따른 어려움이 있다.

② **정치적 위험 및 자본규제** : 국유화나 몰수와 같은 정치적 위험이 있을 수 있고, 외국 자산에 투자하는 경우 투자자금이 다른 나라에서 운용이 되는 바 외국 투자자들은 현지 투자자들과 다른좋은 쪽으로 또는 나쁜 쪽으로 대우를 받을 수 있다.

③ **환리스크** : 환율변동은 국제투자 자산의 가치 산정에 영향을 미친다.

④ **외국인 투자에 대한 제한 및 통제** : 몇몇 나라들의 경우 현지 회사에 대한 외국인의 투자비율을 제한하거나 외국인 소유 주식의 권리를 제한하는 경우도 있다.

⑤ **세금** : 적지 않은 나라들에서는 외국인에게 지급되는 배당금이나 이자소득에 대해 특별한 세금을 부과하기도 한다.

⑥ **높은 투자비용** : 외국 투자자들에게는 관리수수료, 통신료 등 제반 투자비용이 추가되기도 한다.

2. 국제 포트폴리오 투자 방법

(1) 주식예탁증서

외국 주식에 투자하려 해도 증권거래소에 주식 자체가 상장되어 있지 않아 직접 거래가 불가능한 경우에도 주식예탁증서Depository Receipt : DR의 매입을 통하여 주식에 대한 청구권을 매입할 수 있다. 예를 들어 미국의 증권거래소와 장외시장에는 일본, 유럽의 수백개 회사 주식이 ADRAmerican Depository Receipt의 형태로 거래가 이루어지고 있는데 ADR은 외국에 소재하는 미국은행이 투자자들을 대신하여 주식을 소유하고 있다는 소유권을 증명하는 증서이다.

(2) 주식의 직접 매수

기관투자가들은 DR 거래를 꺼리는 경향이 있다. 이는 해당 주식을 본국에서 거래하는 경우에 유동성이 훨씬 높기 때문이다. 이런 경우 외국 주식을 직접 매입하게 되는데, 투자자는 현지 중개회사에 계좌를 개설하게 되고 중개회사에 수수료를 지불하여야 한다. 투자자는 주식 매입과 결제, 외환 관리, 외국 주식 매매의 제한 여부, 주가 형성 과정, 수수료, 세금, 기타 거래비용 등을 자세히 파악하고 있어야 한다.

(3) 국제 뮤추얼펀드 활용

실제 대부분의 개인투자자들이 외국 주식에 투자할 수 있는 합리적인 방법은 국제적으로 분산투자를 하고 있는 뮤추얼펀드의 지분을 매입하는 것이다. 많은 개방형 뮤츄얼펀드open-end mutual fund들이 투자자를 대신하여 외국 주식 거래에 필요한 정보 수집과 매매 관리를 해주고 있고, 수익을 올릴 수 있도록 적절히 분산투자도 해주고 있다.[9]

9. 펀드가 개방형(open-end)이란 의미는 투자자들의 자금으로 투자를 하되 더 많은 투자자가 그 펀드에 투자하기를 원하는 경우 추가로 지분을 발행하여 새로운 투자 자금을 모을 수 있는 경우를 말하고, 폐쇄형(closed-end) 펀드는 처음에 고정된 금액을 특정 투자대상에 투자하고 이후에는 더 이상 새로운 지분을 발행하지 않는 펀드를 의미함.

(4) 폐쇄형 컨트리펀드Closed-end Country Fund 투자

일부 투자자들은 여러 국가에서 개별 주식들을 매입하는 것보다 특정 투자대상 국가를 선정하여 투자하는 것을 선호한다. 이런 경우 투자자들은 투자대상국이 지정된 뮤추얼펀드를 매입하게 된다. 이를 컨트리펀드country fund라고 하며 통상 폐쇄형으로 운영된다. 국제적인 폐쇄형 컨트리펀드는 1980년대 초 Korea Fund의 창설과 더불어 활발해지기 시작했다.

(5) 주식연계형 유로채Equity-linked Eurobond 활용

유로채시장은 어떤 의미에서 이미 세계적인 주식시장이 되었다고 할 수 있다. 직접 주식이 거래되는 것은 아니지만 유로채의 가치가 이자율의 변동보다는 주가 변동에 더 큰 영향을 받는 경우가 많기 때문이다. 주식연계형 유로채에는 신주인수권부 유로채, 유로전환사채, 주가지수연계 유로채 등이 있다.

(6) 다국적기업 주식에의 투자

세계 주식시장에 참여할 수 있는 또 하나의 간접적인 방법은 국제적으로 사업을 영위하는 다국적기업Multinational Corporation ; MNC의 주식을 매입하는 것이다. 미국의 IBM, Coca Cola, 일본의 SONY 같은 다국적기업들은 수익의 상당 부분이 본국 외의 사업 활동에서 발생하기 때문에 이들 회사의 주식을 매입하는 것이 국제포트폴리오를 대신하는 것이 될 수 있다.

DHC 씨네마

빅 쇼트 Big short

2008년 금융위기의 전말은 … '빅 쇼트'

2008년 9월 15일 미국의 4대 투자은행IB 리먼브러더스가 파산신청을 했을 때 사람들은 무슨 일이 일어났는지 어리둥절했다. 미국에서 골드만삭스, 모건스탠리, 메릴린치 다음으로 큰 금융회사가 속절없이 무너질 것이라고 예상치 못했기 때문이다.

당시 리먼브러더스의 부채규모는 6천 130억 달러. 우리나라 돈으로 600조가 훌쩍 넘는 규모로, 그해 우리나라 예산257조의 두 배 이상 되는 규모였다.

부시 행정부의 2인자인 딕 체니 부통령은 후일 2008년 금융위기를 두고 "아무도 예측할 수 없는 상황이었다"고 말했다. 하지만 영화 '빅 쇼트'에서 들려주는 금융위기의 전말은 이와 달랐다. 극중 인물의 대사처럼 금융기관이 위기를 모를 정도로 무능했거나 아니면 알고서도 사기를 친 것 둘 중의 하나다.

영화는 주택시장의 붕괴에 베팅한 월가의 괴짜 투자자 4명의 시선으로 금융위기의 진행과정을 따라가면서 결국 후자임을 보여준다. 중소 규모 캐피털회사 대표인 마이클 버리크리스찬 베일, 대형 IB의 자회사 펀드를 운용하는 펀드매니저 마크 바움스티브 카렐, 지방에서 중소펀드사를 운영하는 젊은 투자자 제이미핀 위트록와 찰리존 마가로가 주택시장 하락을 예측한 월가의 이단아다. 이들은 나름의 근거와 확신을 갖고 주택시장의 붕괴에 거액을 투자한다. 영화 제목의 '쇼트short'는 하락하는 쪽에 투자하는 것을 의미한다. 주택시장의 위기가 아직 본격화하기 이전인 2006년에 투자한 탓에 이들은 월가의 금융인들에게 비웃음을 사고, 이들 중 일부는 투자자들에게 소송을 당하기까지 한다. 하지만 위기는 터졌고, 이들의 판단이 맞았다. 주택과 금융시장은 무너졌고 이들은 막대한 수익을 거뒀다.

이 영화를 제대로 이해하려면 2000년대 중반 진행된 금융위기에 대한 배경지식이 필요하다. 당시 금융위기의 열쇳말은 '서브프라임 모기지'라 불리는 비우량주택담보대출과 증권화securitization이다. 비우량주택담보대출은 신용도가 높지 않은 이들이 주택을 구매할 때 빌려주는 돈을 말한다. 주택시장의 활황이 이어지자 은행들은 비우량주택담보대출의 비중을 늘렸다. 빌린 사람으로서는 집값이 계속 오르는 한 이자를 내는 데 큰 부담이 없었고, 은행은 대출을 주택저당증권MBS으로 증권화해 대출에 따른 위험을 털어낼 수 있었기 때문이다. 은행이 주택 구입자에게 만기 30년짜리 대출을 해준다고 했을 때 예전에는 은행이 30년간 원리금을 꼬박꼬박 받아야 했지만, 지금은 이런 주택담보대출을 바탕으로 한 MBS를 다른 금융기관에 팔아 대출금을 회수할 수 있게 됐다. 채무자가 돈을 안 갚을 위험은 MBS를 산 금융기관이 지게 된다.

책임질 일 없이 수익을 내는 구조는 도덕적 해이로 이어지기 마련. 이른바 '묻지마' 대출이 횡행하게 된다. 수입도 없고No Income, 직업과 자산이 없는No Job & Asset 이들에게까지 대출해 준다고 해서 '닌자NINJA 대출'이라는 용어가 생겨날 정도였다. 영화에서 마크 바움이 주택시장의 실태조사 차 모기지 중계인을 만났을 때 '닌자 대출'이 언급된다.

주택시장의 단순한 거품을 금융시장 전반의 '핵폭탄'으로 키운 것은 증권화다. 월가의 수학 천재들은 MBS를 또다시 증권화해 '부채담보부증권CDO'을 만들었다. 문제는 기초자산인 MBS가 불량해도 그 MBS를 기초자산으로 한 CDO는 최상급 상품으로 둔갑한다는 것. 여기에는 복잡한 수학적 모델링과 몇 가지 낙관적인 가정이 전제된다. 이 가정이 조금만 비관적이 되면 CDO라는 상품이 불량해질 수 있지만 아무도 이런 가정에 문제제기를 하지 않았다.

CDO란 상품이 복잡해 위험도를 파악하기가 쉽지 않았고, CDO의 위험성을 판단해야 할 신용평가사들이 CDO를 발행하는 투자은행IB들과 결탁했기 때문이다. 신용평가사는 금융상품의 등급을 매기고 그에 따른 수수료를 받아 운영된다. 등급을 '짜게' 매기면 IB가 자신과의 거래를 끊을 수 있어 신용평가사들이 대형 IB의 '눈치'를 볼 수밖에 없다. 또 높은 신용등급을 줄수록 수수료를 많이 받는 구조로 돼 있다. 영화에서 마크 바움이 신용평가사 관계자와 면담하는 장면에서 신용평가사와 대형 IB 간 이 같은 '부적절한 관계'가 드러난다.

'빅 쇼트'는 일종의 고발 영화다. 월가를 '탐욕스러운 자본주의'의 상징으로 활용하는 다른 영화와 달리 이 영화는 현실 세계의 월가로 재현한다. 현실의 월가를 그린 탓에 금융업계 용어를 알지 못하면 영화를 쫓아가기 쉽지 않지만 2000년대 이후 세계 경제를 뒤흔든 금융위기가 어떻게 일어났는지 궁금한 관객이라면 한 번쯤 볼만하다.

감독은 이 영화의 이해도를 높이고자 마고 로비, 셀레나 고메즈, 행동경제학자 리처드 탈러 박사, 세계적인 셰프 안소니 부르댕 등을 카메오로 등장시켜 전문 용어를 설명하는 장면을 영화 중간에 삽입하기도 했다.

자료 : http://www.yonhapnews.co.kr/bulletin/2016/01/17/0200000000AKR20160117058700005.HTML

나가는 글

마지막 Q 공부를 왜 해야 하나요?

위대한 '공부 거짓말'의 위기

두 달 전 식사 자리에서 만난 강원도 부교육감은 힘든 일 중 하나가 학교 방문 때 학생들의 질문에 답하는 것이라고 했다. 그가 뽑은 '안 나오길 바라지만 늘 나오는 곤혹스러운 질문' 1위는 "공부를 왜 해야 하나요?"였다. 그 부교육감은 대학에서 교육학을 전공했고, 교육 행정고시에 합격해 교육부에서 약 25년간 일했다. 그도 이 원초적 질문에 어려움을 느낀다는데 보통의 선생님과 부모는 오죽할까.

"공부 열심히 하거라." 영화 '사도'에서 영조가 세자에게 당부한다. 글 외우는 데는 소질이 없고 그림 그리기를 좋아하는 아들은 공부가 좋은 적은 1년에 한두 번이라고 말한다. 아버지 임금은 할 말을 잃는다.

도대체 왜 공부를 열심히 해야 하는가. 고상함을 포기한 일반적 답은 '잘 먹고 잘살기 위해서'다. 좋은 대학 · 직업으로 이어지는 출세론이다. 공부 잘해서 의사 · 법조인 · 교수가 되라고 한다. '30분 더 공부하면 마누라 얼굴이 바뀐다'고 쓰인 급훈이 걸려 있는 교실도 있다. 그런데 이 논리는 이제 잘 안 먹힌다. 고학력과 고소득 사이에 여전히 정적 상관관계가 있지만 그 크기가 많이 줄었다.

고전적 답변으로는 '훌륭한 사람이 되기 위해서'가 있는데 제법 품격을 갖췄지만 결정적 허점이 있다. "훌륭한 사람이 어떤 사람이냐" 또는 "공부를 하면 왜 훌륭한 사람이 되느냐"는 2차 질문을 유발한다는 점이다. '훌륭'의 실체를 설명하기 어려우니 반기문 유엔 사무총장처럼 공부 잘해서 큰 인물이 된 예를 들게 된다. 하지만 안타깝게도 공부는 잘했지만 결코 훌륭해졌다고는 볼 수 없는 인물이 우리 사회의 곳곳에 있어 설득력이 떨어진다.

교육철학자인 이홍우 전 서울대 교수는 『교육의 목적과 난점』이라는 책에서 '공부는 해보지 않고서는 왜 해야 하는지를 알 수 없는 일'이라고 역설한다. 공부는 세상을 보는 안목과 인식을 기르기 위한 것인데, 그 안목과 인식을 갖추지 않으면 그게 뭔지 알 수 없다고 설명한다. 결국 그의 주장은 공부의 목적으로 어른들이 제시하는 모든 건 공부를 시키기 위한 선의의 거짓말이라는 것이다. 틀리다고 말하기가 힘들다.

그런데 요즘의 '공부 열심히'는 모르는 것을 꾸준히 알아 가는 게 아니라 '아는 것을 실수하지 않는 부단한 연습'에 가까워졌다. 이른바 '물수능'과 쉬운 학교 시험의 효과다. 인류가 위대한 거짓말로 지켜온 문명이 사교육과의 전쟁이라는 특수 상황 논리에 휘둘리고 있다.

— **이상언** 사회부문 차장(중앙일보 2015. 9. 30, http://news.joins.com/article/18758738#none)

이주 공감이 가는 글이다. "공부를 왜 해야 하나요?" 장 교수 또한 소싯적에 많이 가졌던 질문이다. 근데 20년 넘게 학생들을 가르치고 보니 장 교수는 이제야 비로소 공부가 왜 중요한지 알게 된 것 같고, 게다가 공부가 재미있을 수도 있단 사실을 알게 되었다. 이런 경험이 있을 수 없는 우리 아이들, 초 · 중 · 고딩 심지어 대딩? ㅎ 아이들에게는 '공부가 왜 중요한지' 어떻게 쉽게 설명을 해야 좋을까?

"여러분은 다들 행복하게 살고 싶죠? 근데 어떻게 사는 게 행복한 건가요? 돈만 많으면 행복합니까? 좋은 대학, 좋은 직장 다니면 다들 행복합니까? 잘생긴 남자나 예쁜 여자와 같이 살면 내내 행복할까요? 내 형제, 내 부모, 내 친척, 내 이웃이 불행한데 나만 잘 먹고 잘살면 과연 행복하다고 할 수 있을까요? 잠시 잠깐 반짝 잘 먹고 잘사는 게 좋을까요, 오랫동안 꾸준히 건강하게 사는 게 좋을까요? 어떻게 사는 게 행복한 건지 우린 진짜 잘 생각해 봐야 합니다.

선생님 생각엔, 행복하게 살기 위해선 우리가 우선 현명해져야 할 것 같습니다. 그냥 똑똑한 게 아니고 현명한 거! 무슨 직업을 갖고, 어떤 배우자를 만나, 어디서 어떻게 살아야 나와 내 가정이 오랫동안 행복할 수 있을지 많이 고민해야 합니다. 형제들과 사이좋게 지내고, 좋은 친구 좋은 이웃과 사귀고, 자기 전공을 찾아 자기가 진짜 좋아하는 일을 하면서, 아름다운 배우자를 만나, 예쁜 아이들을 키우면서, 화목한 가정을 이루고, 잘 먹고 잘살면서 주위도 돌아볼 줄 아는 사람이 현명한 사람 아닐까요? 또, 현명한 사람의 행동을 보면 때론 손해 보는 것 같지만 길게 보았을 때 도리어 이득이 되는 경우가 많습니다.

자~ 여러분은 그런 현명한 사람이 되고 싶죠? 현명한 사람이 되려면 최소한의 공부를 해야 합니다. 공부를 하다 보면 머리가 트이고 사람이 점점 현명해지거든요."

리스크 관리를 전공하는 장 교수는 또 이렇게 얘기해 주고 싶다. 물론 어린 학생들에게는 말고.

우리가 사는 세상엔 많은 리스크들이 있고 이들을 여하히 관리하느냐가 성공적인 삶에 큰 영향을 준다. 심각한 위험들을 피하고, 평소에 리스크를 잘 관리하여 사고를 미리 예방하거나 발생 가능한 손실의 크기를 줄여야 할 것이다. 또한 경우에 따라서는 적당한 리스크 테이킹을 통해 투자 수익을 올리거나 성공적인 사업을 영위할 수도 있는데 이런 리스크 관리 지혜는 꾸준한 공부와 경험을 통해 익힐 수 있는 것이다.

찾아보기

ㄹ

ㅁ

ㅂ

ㅅ

ㅇ

ㅈ

ㅊ

ㅋ

ㅌ

RMization®

Wharton
UNIVERSITY of PENNSYLVANIA

WRMCG®

Wharton **Risk Management**
Consulting Group

지은이에 대하여

장동한

한국외국어대 영어과 졸업

Univ. of Michigan 경제학과 졸업

Univ. of Pennsylvania 경제학 석사

Wharton School, Univ. of Pennsylvania 경영학(보험) 박사

CPCU(Chartered Property Casualty Underwriter)

ARM(Associate in Risk Management)

Pennsylvania State Univ. 경영대학 교수

한국금융연구원 연구위원

Univ. of Pennsylvania 교환교수(Fulbright Scholar)

중국 상해대학 교환교수

일본 교토대학 교환교수

한국보험학회 학회지 편집위원장

Korea CPCU Chapter 회장

금융감독원, 노동부 보험 자문위원

건국대학교 상경대학 학장

한국리스크관리학회 회장

APRIA(아시아-태평양 보험학회) 회장

현, 한국보험학회 회장

현, 건국대학교 사회과학대학(국제무역학 전공) 교수

주요 저서 및 논문

『지속 가능 성장을 위한 보험과 리스크 관리』

『재난 리스크 제대로 관리하기』(2017년 대한민국학술원 선정 우수학술도서) 등 저서 다수

Journal of Risk & Insurance, 보험학회지 등 학술논문 다수

Q&A로 공부하는 **재무**와 **회계**

초판 1쇄 발행 2016년 8월 25일
초판 4쇄 발행 2022년 9월 20일

지은이 장동한
펴낸이 박기남
펴낸곳 **율곡출판사**
08590 서울시 금천구 가산디지털1로 84(에이스하이엔드 8차), 803호
전화 (代) 02) 718-9872
팩스 02) 718-9874
home-page www.yulgokbooks.co.kr
e-mail yulgokbook@naver.com
등록 1989.11.10. 제2014-000031호
ISBN 978-89-97428-91-5 93320

값 18,000원

※ 지은이와의 협의 하에 인지는 생략합니다.
※ 파본 및 잘못된 책은 구입한 곳에서 바꾸어 드립니다.
※ 이 책의 무단 전재 또는 복제행위에 대해서는 저작권법 제136조에 의거
5년 이하의 징역 또는 5,000만원 이하의 벌금에 처하게 됩니다.